生きのびるマンション

——〈二つの老い〉をこえて

山岡淳一郎
Junichiro Yamaoka

岩波新書
1790

まえがき

多くの分譲マンションが、「建物の老朽化」と「住民の高齢化」という「二つの老い」を背負い、行く末を案じています。

二〇一八年末現在、全国のマンション戸数は約六五五万戸、約一五二五万人が暮らしています。そのうち築後三〇年超が約一九八万戸で三割を突破。築四〇年超は約八一万戸です。

国土交通省が五年に一度行う「マンション総合調査(二〇一八年度)」によれば、計画よりも修繕積立金が不足するマンションが三四・八パーセントを占めています。老朽化への対策が急がれるのに先立つものが足りず、劣化が進む。悪循環に陥ったマンションが少なくありません。

また、マンション居住者の六二・八パーセントが「永住」を希望しており、世帯主の半数は六〇歳以上です。七〇代、八〇代の世帯主も増えており、数多の管理組合が理事ポストの継承につまずき、活動を停滞させています。

マンションは、区分所有者でつくる管理組合が維持管理の主体です。好き嫌いにかかわらず、自治的な共同体を形成しています。「二つの老い」が進むことは、すべてのマンション共同体に共通する運命です。新築で入居が始まったその日から、マンションは「二つの老い」の坂を静かに上っていくのです。

ところが、多数の住民は管理組合の活動や維持管理に関心がありません。管理会社に任せておけばいい、と等閑視しています。そのまま無関心のベールがマンションを覆えばどうなるか。スラム化を呼び込みます。管理不能で住環境が荒れ、空室が増えてスラムへと転落するのです。

前述のマンション総合調査の「所在不明・連絡先不通の戸数割合」に注目してみましょう。「所在不明・連絡先不通」とは管理組合の区分所有者名簿でも持ち主がわからず、または判明していても連絡がつかない空室を指します。当然ながら、管理費や積立金は長い間滞納されており、管理組合にとって「不良資産」の最たるものです。

そのような空室があるマンションの割合は全体では三・九パーセントですが、完成年次が古くなるほど高まります。築後三〇〜三九年で四・七パーセント、築後四〇年を過ぎると一三・七パーセントに跳ね上がっています。

しかも総戸数に対して「所在不明・連絡先不通」が二割以上の「お手上げ」状態のマンションが、築後四〇年超では五・三パーセントに及ぶのです。

居住者が亡くなった後、持ち主が判明しない空室は、管理組合の重荷に変わります。手を尽くして相続人を探し、いなければ裁判所に「相続財産管理人」選任の申し立てを行います。その相続財産管理人と管理組合が話し合って手続きを踏み、空室を競売にかけて滞納された管理費などを回収しなくてはなりません。

これが一筋縄ではいかないのです。遠方の相続人との交渉がもつれ、気が遠くなるような負担を強いられます。つまり、マンションの相続困難な空き家は、一戸建てと異なり、管理組合を財産処分の渦に巻き込むのです。驚いたことに住宅政策がもたらした空き家問題の受け皿が、マンションに関しては住民で構成する管理組合しかありません。相続困難な空室は、今後、社会の超高齢化に伴い、間違いなく増えていくにもかかわらず……。

スラム化が進んで廃墟状態になったマンションの末路は、一般的には所有者の全員合意、耐震性不足の物件なら五分の四以上の賛成で、建物の解体、敷地売却。区分所有権の解消です。もしくは自治体が危険な「特定空き家」に認定し、所有者に除去命令が出されます。応じない場合は「行政代執行」。費用は所有者に請求されます。

二〇〇〇年代初頭、「二つの老い」という言葉を、私が初めて使ったころは、まだ他人事のような受け止め方が少なくありませんでした。しかし、団塊の世代が一斉に七五歳以上の後期高齢者になる「二〇二五年問題」が医療・介護分野を圧迫するに至り、マンションにとって「二つの老い」は乗りこえなければならない、目の前の壁となりました。

すでに認知症の居住者への対応は、個々の管理組合の課題になっています。一人暮らしの認知症の人への医療・介護のアクセスを保ちながら、現金の出納や財産管理をどう行うのか。管理組合の理事たちは悩んでいます。老いゆく人の権利を守り、看取りにどう備えるか。管理組合は「終活(人生の終わりに向けた活動)」支援を視野に入れざるを得なくなってきました。

その一方で、子育て世帯を孤立させず、少子化に歯止めをかけるサポートも求められています。若い母親と子育てを終えたベテランママの交流は欠かせません。

大勢が一つ屋根の下で暮らすマンションは、「私」の自由と、「共同体」の役務を少し重ね合わせれば、予想以上の効果が発揮され、「楽園」に変わる潜在力を秘めています。実際に管理組合が目覚めて、「楽園」に変わった高経年マンションはあちこちにあります。

しかしながら、「私」と「共同体」のズレを顧みず、無関心を「仕方ない」と放置すれば、状況は改善されません。他人にお任せの管理組合は、大規模修繕に際して悪質な建築コンサルタントや管理会社の主導で「談合・リベート」の餌食にされ、蓄えた修繕積立金をごっそり巻き上げられます。重大な欠陥が発覚して建て替えが浮上しても、合意が形成できない。人気の高いタワーマンションも、一皮めくれば無関心の「虚塔」と化し、局所的な人口集中の弊害をもたらしながら膨大で複雑な設備の更新を前に立ち往生……と、危機感が募っています。

昨今、マンション問題を扱うメディアは「悲観論」一色です。絶望のもとをたどっていくと、やはり「私」と「共同体」のねじれ、住民の無関心への諦めにぶつかります。不動産・建設業界、自治体、住宅政策を統括する国交省や政治家も、住民が維持管理に無関心なのを「どうしようもない」と放置してきました。

しかし、ほんとうにそれは「仕方ない」ことなのでしょうか。

手もとに新築マンションの販売広告があります。

「静寂と躍動」「邸宅に住む」「美しい人生」「悠久の丘」……と、歯が浮きそうなコピーが並んでいます。夢とロマンをかきたて、プライドをくすぐり、ふわふわした言葉で購買意欲をそそる。私たちは漫然と広告を眺めてきましたが、その費用もマンション価格に含まれているのですから、販売主にはもっと大切な「説明責任」があるはずです。

「マンションをご購入いただいた方は、管理組合の一員として建物の維持管理に向き合っていただきます」。この一行が広告に入るだけで消費者の共同体への目が開かれます。

「区分所有者は、一人一票、また専有部分の面積に応じた議決権を持ち、住民総会で議案への投票を行い、維持管理の手続きを進めます」と記述されていたら、管理組合の役割が伝わります。タバコの健康警告のように管理組合に関する表記を一般化できないのでしょうか。

こう指摘すると、マンション開発業者は、お客さまとの売買契約時に「重要事項説明」を行っているのだから問題ない、と反論するでしょう。しかし重要事項説明は、たいてい購入申込みをした後に行われます。買う気十分の人にマンションの概要や権利関係、契約条件などを説明し、管理に関しては委託先の管理会社や、管理費、積立金の値段を言い渡しておしまい。管理組合の活動や区分所有者の責務はほとんど語られません。消費者に煩わしさを感じさせず、手早く、売るためです。行政や政治も、それをとがめるどころか、応援してきました。

購入者の大半は入居してから管理組合の役割に気づきます。これで維持管理に関心を持てというほうが無理です。だいじな問題にふたをしたままマンションは売買されているのです。

目を海外に転じれば、米国にはパブリックレポートの発行制度があり、行政が共同住宅の購入希望者に、あらかじめ管理規約や長期修繕計画、管理委託契約などのレクチャーをします。消費者は住宅の購入を思いついた段階で維持管理の知識や、共同の務めを把握できるのです。

時代をさかのぼると、日本の法務官僚は、マンション法ともいわれる「区分所有法」の考案に際してドイツの「住居所有権法」を参考にしました。住居所有権法は、土地と建物の「共有権」、住居の「特別所有権(区分所有権に相当)」、所有者の「共同体」の三位一体で構成されています。しかし、一九六二年に制定された区分所有法は「共同体」の考え方が希薄でした。そのまま二〇年以上も改正されず、維持管理の制度づくりは後手に回ったのでした。つまり住民の無関心は、雲をつかむような意識の問題ではなく、しくみや政策の帰結でもあるのです。

ひと口にマンションと言っても、ファミリータイプから投資用のワンルームやリゾート系のもの、賃貸率の高いタワーマンション、団地型とさまざまです。

開発業者は、その時々の売りやすさを求めて、マンションの形態を多様化させ、「所有」と「居住」の分離に拍車をかけました。賃借人の多いマンションほど無関心層が多く、管理組合の理事のなり手が少ない。マンションに「永住」したい住民と、投資で儲けたい区分所有者の維持管理への向き合い方が違うのは当然でしょう。

無関心の広がりは、曖昧な意識の話ではなく、意図的にマンションを手離れよく売り、維持管理を軽視し、スクラップ&ビルドをくり返してきた「政」「官」「業」にも、その責任の一端があるのではないでしょうか。

いずれにしても、マンションが無関心のベールを少しずつ剝ぎ取り、「二つの老い」を乗りこえて生きのびるには、「私」と「共同体」の折り合いをつけなくてはなりません。目前の課題を把握し、具体的に対処するとともに、矛盾を生む住宅政策や社会的、歴史的な構造を複眼的にとらえて先を読む必要があるでしょう。

本書は、第一章で、認知症の人への対応を糸口に空室化、スラム化、廃墟マンションの解体・敷地売却に言及し、老朽マンションが「楽園」に転じた例も示します。スラムと楽園を分けるものを掘り下げ、スクラップ&ビルドを推進する政策潮流をたどります。

第二章では、大規模修繕工事の「談合・リベート」で大切な修繕積立金が費消される実態に斬り込みます。建築コンサルタントや管理会社、施工会社、専門工事会社が、どのようにシンジケートをつくって管理組合を欺いているのか。実際に業界内で「談合・リベート」を仕切った人たちの証言も得て、リアルに記述します。

第三章は、横浜の傾斜マンションの建て替えプロセスを追い、販売主との交渉に翻弄される管理組合のドラマを描きます。建物の欠陥問題には、国の「建築確認制度」が大きくかかわっているのですが、官の責任は不問。その契機になったのが「耐震偽装事件」でした。当事者へのインタビューを通して行政のあり方を問い直します。

第四章では、超高層マンションを林立させる容積率緩和の錬金術から説き起こし、二〇二〇年東京五輪に向けた湾岸開発の盲点を示します。タワーマンションを維持するには従来の大規模修繕ではなく、「多元改修」への発想転換が必要です。そのためには元施工の大手ゼネコンの協力が欠かせません。市街地再開発のタワーマンションの「不都合な真実」も開示します。

そして第五章、「私」と「共同体」のベクトルを合わせ、「二つの老い」を克服しているマンションを紹介します。悩める住民から「駆け込み寺」と頼られている京都の管理組合法人、訪問看護ステーションを誘致した東京・白金のタワーマンション、四半世紀の助走を経て建て替えた多摩ニュータウンの団地……問題解決のヒントと、今後求められる施策を提示します。

危機は変革のチャンスでもあります。

東京都の全世帯に占める分譲マンション世帯の割合(マンション化率)は約三割。大阪府のそれは二割です。地方中核都市のマンション化率も高まっています。都市居住のプラットフォームとなったマンションが変われば、日本が変わる。共同住宅の現場で起きた事件を起点に、わが家から管理組合、地域、自治体、国へと発想の輪を広げていただければ幸いです。

目　次

第１章
何が「スラム」と「楽園」を分けるのか

老朽化し，使用禁止の集合住宅

認知症と管理組合

分譲マンションは、世のなかを映す鏡です。戦後の復興から高度成長、石油ショック、バブル経済とその崩壊、さらに阪神・淡路、東日本大震災を経た日本の自画像が、マンションという共同体に映り込んでいます。社会の縮図といえるでしょう。

そのようなマンションに超高齢化と人口減少が濃い影を落としています。

二〇一九年三月、東京都内の一〇〇戸規模マンションで「認知症の人」への対応が管理組合理事の間で秘かに話し合われていました。一人暮らしの認知症の高齢女性が、昼夜を問わず、マンションの内外を歩き回り、あちこちで失禁してしまうのです。他家のメールボックスから郵便物を抜きとって大騒ぎにもなりました。有志が見守り役を買って出ましたが、なかなかフォローできません。女性は「緊急連絡先」を管理組合に届けていませんでした。

女性は、深夜、街に出てオートロックの玄関に締め出され、寒い公園で夜を明かしたこともあります。朝、散歩していた人が見つけて送り届けてくれましたが、肺炎を起こしていました。ひとつ間違えれば命が危うかった。管理費と修繕積立金の滞納も続いています。

認知症の人への対応は、マンションのなかだけでは解決できない問題になりました。

「地域包括ケアセンターに相談して、グループホームに移ってもらうのが一番いいですよ。症状が悪化したら病院のほうがいいのかもなぁ」

「じつは民生委員に協力してもらって、地域包括のケアマネージャーさんに相談したのですが、抱えている要介護者のお世話で手一杯、とても余裕がないって断られました。お金の問題もあるし、どうしますかね」

「隣のマンションでは認知症サポートグループを作っているそうですよ。離れて住んでいる息子さんの了解を取って、認知症のお母さんの写真を近所のサポーターが持っていてね。徘徊しているのを見つけたら、お宅に連れていくらしい」

「でも、声のかけ方ひとつとっても大変よ。後ろから呼び止めたりしたら本人が驚いてパニックになる。認知症の人が「カラスは白い」と言っても否定したらダメ。カラスは白いねって言わなくちゃ。そういう接し方が大切なのはわかるけど、なかなか難しいわよね」

「病院に移すのは反対です。あの人、ベッドに縛り付けられますよ。もし自分が認知症になって、そんなことされたら嫌でしょ。だけど、どこまでかかわっていいのかなぁ」

議論は堂々巡りです。この問題を住民総会に諮《はか》るのか、理事の間にとどめておくか、防災会で検討したほうがいいのか、プライバシー保護も絡んで結論が出ていません。

認知症の問題はなかなか外に表われないものです。しかし日々、深く、静かに進行しており、待ったなし。マンションはすでに「二〇二五年問題」の渦中に入っているのです。

約八〇〇万人の「団塊の世代」が二〇二五年に一斉に七五歳以上となり、国民の三人に一人が六五歳以上の「超高齢社会」に突入します。それに伴い、医療・介護の施設が大幅に不足し、認知症の人は二〇一五年から二五年までの一〇年間で五二五万人から七三〇万人に激増します。そうした超高齢化がもたらす困難が、二〇二五年問題と総称されています。

二〇二五年問題が深刻なのは大都市圏です。とくに首都圏(東京・神奈川・千葉・埼玉)の高齢者人口は一挙に膨張します。二五年までに一七五万人も増えます。これは、全国の後期高齢者増加の三分の一を占めており、六五歳以上の二割が認知症を発症すると予想されています。

首都圏の全住宅に占めるマンション比率は高く、東京都のそれは約三割で全国平均の二倍以上です。高齢者が集まるマンションで認知症の人が増えるのは自明の理。そのままマンションで暮らすのか、ときどき介護施設や病院に入ったほうがいいのか。本人単独の世帯や、夫婦二人世帯で判断するのは容易ではありません。

判断がつかないまま生活に支障をきたした人が誰にも受けとめられず、区分所有者がつくる管理組合に話が持ち込まれます。区分所有者はマンションの専有部分(住戸)の持ち主をさします。共同の利益を増進し、良好な住環境を保つために管理組合を結成するわけですが、その管理組合が本来の存在目的である「建物の維持管理」のほかに、住民の「終活(人生の終わりに向けた活動)」サポートも視野に入れざるを得なくなってきました。

「新築・売り抜け」と空き家の増加

認知症の人への対応、医療・介護施設へのアクセスが目の前の難問だとすると、次の大きな波は二〇三五年、団塊の世代が八五歳の平均寿命に達したころに押し寄せてきます。「看取り」に続いて、住戸の相続に絡んで空き家がどっと増えそうです。

現時点で、社会保障の持続性が危機的なように、住宅を親から子へ、子から孫へと住み継ぐことに赤信号が灯っています。総務省の「住宅・土地統計調査(二〇一八年度)」によれば、空き家総数は八四六万戸、空き家率は一三・六パーセント。所有者が転居、もしくは亡くなった後も売却や賃貸されない空き家が急増しています。

「国民の生命、健康及び財産の保護」(建築基準法第一条)を図るはずの建築物が資産にならず、世代間の重荷に変わっているのです。

空き家問題の根底には、新築住宅の供給過多と中古住宅の流通量の少なさが横たわっています。日本の全住宅流通量に占める既存住宅のシェアは約一四・七パーセントと、欧米諸国のわずか六分の一程度です。欧米とは建築文化や大地震の有無、消費者の嗜好に違いがあるとはいえ、なぜ日本では住宅が余っているのに毎年、一〇〇万戸ちかくも新築が市場に投入されるのでしょうか。

よく持ちだされるのが新築の経済波及効果です。住宅の建設は、自動車や家電、建材など広範囲に好影響を及ぼし、生産誘発効果が大きく、雇用、景気浮揚に結びつくと考えられてきました。しかし経済が右肩上がりならまだしも、購入する側の余裕はなくなっています。働く人全体の約四割を非正規労働者が占め、大企業でも四〇代の給与は減少傾向です（内閣府レポート二〇一八年六月二五日）。新築の経済波及効果は精査が必要です。

むしろ、新築に偏った住宅供給は不動産・建設業界のビジネスモデルの底の浅さを物語っています。「新築・売り抜け」のヒット＆アウェイ戦法がくり返されているのです。

開発業者は、土地の取得費や建設費の初期投資をなるべく早く回収し、次の標的を狙おうとします。その思惑に分譲型のマンションはぴたりと当てはまります。住戸を引き渡せば、めんどうな維持管理の責任を購入者に被せて、手離れできるからです。そのような不動産・建設業界を政と官が後押しします。政治家は業界の「票」が欲しくてたまらず、官は天下り先に目を輝かせる。政官業のトライアングルが、新築偏重の背景には張りついています。

新築の供給過剰に「相続」も絡んで空き家が増えます。最近は核家族化の進展で親子が別々の家を持ち、子は相続した家に住みたがりません。ただ、育った実家に愛着があるので、親が亡くなっても壊したくはない。気がつけば空き家に。あるいは複数の親族の間で、誰が相続するかで揉め、共有したのはいいけれど、売却も賃貸もできないまま放置される。空き家のほうが建物を壊して更地にするよりも固定資産税が少ないので、そのままにされてしまいます。

七年がかりで空室状態の相続住居を処分

では、分譲マンションの空室率（三カ月以上空室となっている戸数の割合）に着目してみましょう。国土交通省が五年に一度発表する「マンション総合調査（二〇一八年度）」によれば、空室ありと回答したマンションの割合は全体で三七・三パーセントですが、築後三〇〜三九年では五六・四パーセント、築後四〇年超となると六八・八パーセントに跳ね上がります。しかも、空室が全戸の二〇パーセントを超える危機的なマンションの比率は、築後三〇〜三九年で二・一パーセント、築後四〇年超では四・四パーセントに上昇します。築後四〇年が空室問題の深刻化する境目のようです。

築後四〇年超のマンションは、二〇一八年末現在、全国に八一万四〇〇〇戸あり、一〇年後に約一九八万戸、二〇年後は三六七万戸へと増えます。いまは空室が目立たなくても、建物の老朽化と、住民の高齢化という「二つの老い」が追い打ちをかけ、誰も住まない、灯の消えた住戸がマンションを蝕んでいくのは明らかです。

マンションの空室問題は、一戸建てとは異なる難しさをはらんでいます。相続人が遠方で暮らしていて、相続したマンションの立地が悪いと、住戸のリニューアルや売却、賃貸が困難になります。設定できる賃貸料や売値が安くて採算に合わず、住戸は不良資産へ。余計な出費はしたくない、と管理費や修繕積立金の滞納が始まり、管理組合に累が及ぶのです。

相続人と連絡が取れれば、まだいいほうです。古いマンションほど、所有関係が不確かな住戸が増えます。前述の「マンション総合調査」によると、管理組合の名簿で所有者が直ちに判明しておらず、または判明していても所有者と連絡がつかない「所在不明・連絡先不通」の空室があるマンションの割合は三・九パーセント。ただし、築後三〇～三九年のマンションでは、四・七パーセント、築後四〇年超は一三・七パーセントに高まります。築後四〇年超では、所在不明・連絡先不通の住戸が二〇パーセントを超える「お手上げ」状態のマンションが五・三パーセントに及んでいます。この割合は、今後さらに増えそうです。

単身世帯で親類縁者がどこにいるかわからず、管理組合に「緊急連絡先なし」と伝えている人が亡くなるとまわりは頭を抱え込みます。大阪府下の団地の管理組合理事は、苦労の末に空室状態の相続住戸を競売した経緯を、こう語りました。

「そこは夫婦世帯で子どもはいませんでした。ご主人が亡くなったときに奥さんに名義変更していればよかったけど、そのまま。奥さんも亡くなり、相続人がいない。親戚を探し回って、ご主人の甥っ子が管理すると言ったが、遠くに住んでいて管理費も、修繕積立金も払わず、差し押さえでも何でもしてくれ、と居直った。相続放棄です。そこからご主人側の親類に一人ずつ当たって相続放棄してもらい、奥さん側も潰していったら、一人行方不明者がいた。その人がもしも現れていたらどうだったか……。行方不明のままでね。何十万円も払って家庭裁判所に相続財産管理人の弁護士を選んでもらい、交渉を重ねて空室を競売にかけた。競売価格は五二〇〇万円で管理費、積立金の滞納分は回収できました。七年かかりましたよ」

単身世帯で「天涯孤独」を貫いた人が遺した住戸の処分は大変です。管理組合団体の幹部は、次のように言います。

「一般人では調べ尽くせない来歴の故人もいます。本当に誰一人、連絡が取れない人は役所に頼むしかない。結局は警察ですね。警察は独自の情報網で係累を探し出してくるけど、遠い地方や外国に住んでいて、そっちで処分してくれ、という縁者が多い。最後は競売ですけど管理組合にかかる負担は大きいですよ」

マンションの空室問題は、旧日本住宅公団（現UR都市機構）や大小さまざまな不動産会社、建設会社が「土地利用の高度化」や「都心居住」といった国策に沿って住戸供給を続けた結果、生じています。社会的、経済的な構造に起因しているのですが、現時点で受け皿は住民で構成する管理組合しかありません。

マンション管理の根本方針を定めた「マンションの管理の適正化の推進に関する法律（マンション管理適正化法）」の指針は「マンションを社会的資産として」保全し、管理するよう示しています。マンションを社会的資産と位置づけながら、構造的な空室問題の受け皿は管理組合だけ。しわ寄せは、すべて住民へ。これでいいのでしょうか。

ただでさえ、多くのマンションに建物の老朽化と、住民の高齢化という「二つの老い」がのしかかっています。住民（区分所有者）が老いて管理組合の理事のなり手がなく、管理費や修繕積立金は足りず、滞納も生じている。そこに認知症の難題が持ち上がり、空室も増える。修繕が遅れるから建物は傷み、設備も劣化する。水道からサビ混じりの赤水が出て、排水管は詰まって汚水が逆流し、悪臭が立ちこめる。整備不良のエレベーターは止まり、敷地内にごみが散乱。耐えかねた住民はマンションを去り、賃借人も出ていく……。

待っているのはスラム化です。

廃墟マンション解体の苦悩

廃墟マンション(2019年2月17日,
写真提供・京都新聞社)

二〇一九年二月一七日、京都新聞がショッキングな写真付きで「廃墟マンション」の状況を報じました。そのマンションは、滋賀県野洲市の野洲川橋の西側に建っています。築後四七年、鉄骨三階建て九室のマンションで一〇年ばかり前からすべて空室でした。京都新聞は、こう伝えます。

「昨年六月の大阪府北部地震で県道に面した南側の壁は全て崩れ落ち、鉄骨や部屋の中がむき出しの状態になった。三階廊下の柵や二階天井が崩落し、階段も腐食が進んだ様子が分かる。がれきが積み重なる場所から約三メートルの所には歩道があり、県道は乗用車やトラックが頻繁に通る。

近隣企業の通報で状態を把握した市は昨年八~九月に二回、所有者への説明会を開いて危険性を伝え、自主解体を求めた。解体には所有者全員の同意が必要だが説明会に集まったのは九人中七人。残る二人は、実態がなく連絡が取れない法人名義の所有者と、呼び掛けに応じない個人の所有者という。所有者代表の片岡昭芳さん(七五)は「七人の中では一日も早く解体しなければと思っている。今は弁護士に所有者特定を頼みつつ、法定代理人を立てることも検討中」と話す」

誰も住まず、捨てられたマンションは、始末のつけにくい超粗大ごみと化していました。所有者七人は「解体したい」と願っていますが、ほかの一人は連絡が取れず、もう一人は呼びかけに応じません。

このような場合、住民が建物を解体、敷地を売却し、区分所有権を解消して管理組合活動に終止符を打つには、いくつかの方法があります。まず、民法二五一条の「共有物の変更」で全員が合意すれば建物を除去できます。

しかし全員合意はハードルが高い。そこで二〇一四年に改正・施行された「マンションの建替え等の円滑化に関する法律（マンション建替え法）」の適用も考えられます。同法では「耐震性不足」のマンションに限って全区分所有者および議決権の「五分の四」以上の賛成で建物を解体し、敷地を売却。区分所有権を解消できる、と定められています。議決権は原則として各区分所有者の専有部分（住戸）の面積割合で決まります。一般に管理規約で一住戸一議決権としているところが多く、一人のオーナーが五戸所有していれば、五議決権を持ちます。

おそらく野洲市のマンションでも同法の枠組みを考えたでしょう。しかし、全九戸の五分の四は「七・二戸」です。七戸が解体に賛同しても、八割のラインをこえるには、あと一戸の同意が必要です。そっぽを向く人を説得するしかないのですが、暗礁に乗り上げています。数字にすれば「〇・二戸」の壁に阻まれて要件を満たせません。

もう一つの対処法は、一五年に施行された「空家等対策の推進に関する特別措置法（空き家法）」の活用です。野洲市も、一八年九月、空き家法に基づいて廃墟マンションを倒壊等周辺に悪影響を及ぼすおそれのある「特定空き家」に認定しています。所有者に除去命令を出して応じない場合は「行政代執行」で解体できます。

野洲市は、廃墟マンションの解体、除去の打合わせで請負業者と現場確認を三回行いました。が、難題が横たわっています。建物の除去費用の回収です。

総務省の空き家法施行後二年の実態調査によると、行政代執行を実施したのは九自治体、一〇件。そのうち所有者から費用全額を回収できたのは、わずか一件です。

所有者不明の特定空き家の場合は、財産管理人が建物を除去する「略式代執行」が行われます。こちらは三〇自治体が三八件実施し、うち一三件が自治体の全額負担です。

野洲市の住宅課は、京都新聞の取材に対し、「行政代執行での取り壊しとなれば、業者への解体設計の依頼や議会の予算議決などに時間がかかり、解体は来年以降になる。所有者に費用請求しても、どこまで回収できるか」(二〇一九年二月一七日)と答えています。「行政代執行」には「三〇〇〇～四〇〇〇万円」の解体費がかかると躊躇していました。

自治体の財政も苦しく、逡巡するのでしょうが、周辺住民からは、台風が襲来するたびに廃墟の壁や屋根が散乱して車が出せない、アスベストが飛び散るのにどうして取り壊せないのか、と激しい抗議の声が上がります。

京都新聞の第一報の翌日、山仲善彰野洲市長は、従来の方針を変更し、「臨時議会を招集してでも工事費を予算化し、市民の安全を守る観点から代執行の手続きを進める」と解体着手を表明しました。

マンションのスラム化は、大都市圏でも起きています。

銃弾、不審火、変死体……スラム化の実態

神奈川県横浜市、横浜中華街の近くに「お化けマンション」と呼ばれる、九階建てのマンションが建っています。周辺の住環境は良好で、立地は申し分ないのにスラム化に歯止めがかかりません。荒廃の発端は元地主の管理組合理事長の「マンション私物化」でした。

マンションの竣工は一九七三年。土地を所有していた地主が開発業者と「等価交換」で建設しました。等価交換とは、地主が土地を、開発業者が建設資金を出し、建物の完成後に土地と建物の出資比率に応じてフロアを取得する方式です。

地主は、マンションの最上階の全室を所有し、管理組合の理事長に就きました。ここは自分の城だとばかり、理事長の椅子に座ったのですが、維持管理に関心を払いませんでした。管理組合は形骸化し、マンション管理のルール、「管理規約」すら作成されません。建物を良好に保つための大規模修繕も行われず、荒《すさ》んでいきます。

そこに住民の無関心が重なって、取り返しのつかない泥沼にはまりました。数年前、住民たちが気づいたときには、管理費も修繕積立金も一円も残っていませんでした。管理事務を任せていた理事が、こっそり使い込んでいたのです。

財務を立て直すのは至難の業です。住民は、大急ぎで管理費、積立金の徴収に取り掛かります。高齢世帯が多く、値上げした管理費が集まりません。滞納が続出し、管理不能の状態に陥ったのでした。

竣工当時からここで暮らしている八〇代の女性は、「(外壁に)ひびが入って今にもコンクリートがポロポロ落ちてきそうなところがいっぱいあるんです」(『AERA』二〇一七年五月二九日号、以下カッコ内は筆者)と不安を洩らしています。

本来、鉄筋コンクリート(RC)造の建物は、四〇年や五〇年で寿命が尽きるものではありません。国税庁はRC造の耐用年数を四七年としていますが、これは会計上の減価償却の対象となる期間であり、物理的寿命とは別物です。RC造は四七年経過すると会計上の建物の価値はゼロになります。しかし建築の専門家の間では、「RC造は通常六〇〜七〇年、補修して良い状態を保てば一〇〇年は大丈夫」といわれています。

管理不能に陥らなければ、建物は一世紀の風雪に耐えられます。デリケートなのは、設備、とくに上下水道や電気・ガスの配管です。配管の寿命は三〇年程度ともいわれています。古いマンションでは給排水管がコンクリートの柱や床に埋め込まれていて、交換に大掛かりな工事が必要なケースもあります。

横浜のマンションも「飲み水」が懸念の的です。地下にコンクリート製の受水槽があるのですが、数年間も法定点検が行われておらず、衛生面の心配が募っています。

東京の都心でも荒廃現象が見られます。渋谷区の四階建てマンションは、築後三〇年未満ですが、敷地の一角が粗大ごみ置き場になっています。「管理者」に選ばれた人物が、修繕積立金を一戸当たり一〇〇〇円と常識外れの安値に設定したために大規模修繕ができず、管理が崩壊しました。数年前には給水管が壊れ、三階から一階まで水浸しになりました。

福岡市の中心街には、一一階建て全一三〇戸が丸ごとスラム化した築後四〇年超のマンションがあります。もとは低層階にテナントが入り、四階以上に中流家庭が入居する、ごくふつうのマンションでした。

ところが、バブル期に東京の開発業者が「地上げ」狙いで約一〇〇戸を買い取り、状況が一変します。住民と業者が対立し、共用部の電気代の支払いがストップ。一九八八年にマンションへの電気が止められました。エレベーターは動かず、屋上の貯水タンクへの水の供給も停止し、人が住めなくなります。

その後、居住者が続々と転出し、空室に浮浪者や不審者が入りました。混乱に乗じて暴力団事務所も入居します。銃弾が扉に撃ち込まれ、不審火による火災で空室が丸焼けになりました。

白骨化した変死体も発見され、マンションは荒れ放題。スラムへと転がり落ちたのです。年金暮らしで転居できず、住み続けるしかなかった高齢者が味わった恐怖は、想像を絶するものだったでしょう。

地上げしたい業者にすれば、空室が増えれば更地にしやすくなるので廃墟化は大歓迎かもしれませんが、経済状況は好転せず、再開発のプランは吹き飛びます。建物は景気変動の谷間で立ち往生しながらも、その後、徐々に管理機能を回復し、住民はかなり増えました。

スラム化は、いつ、どこで起きても不思議ではなくなりました。超高齢化が進み、空き家のリスクが高まり、危機が忍び寄っています。これらの圧力を受けとめる、唯一といっていい防波堤が管理組合なのです。

管理組合の役割と「談合・リベート」問題

そもそも管理組合とは、どのような組織なのでしょうか。多くの消費者は、マンション購入時に十分な説明を受けず、「めんどうなことは管理会社がやりますから」と販売員に言われて安心しています。しかし管理の主体は、あくまでも管理組合なのです。

マンション法ともいわれる区分所有法(「建物の区分所有等に関する法律」)の第三条は、次のよ

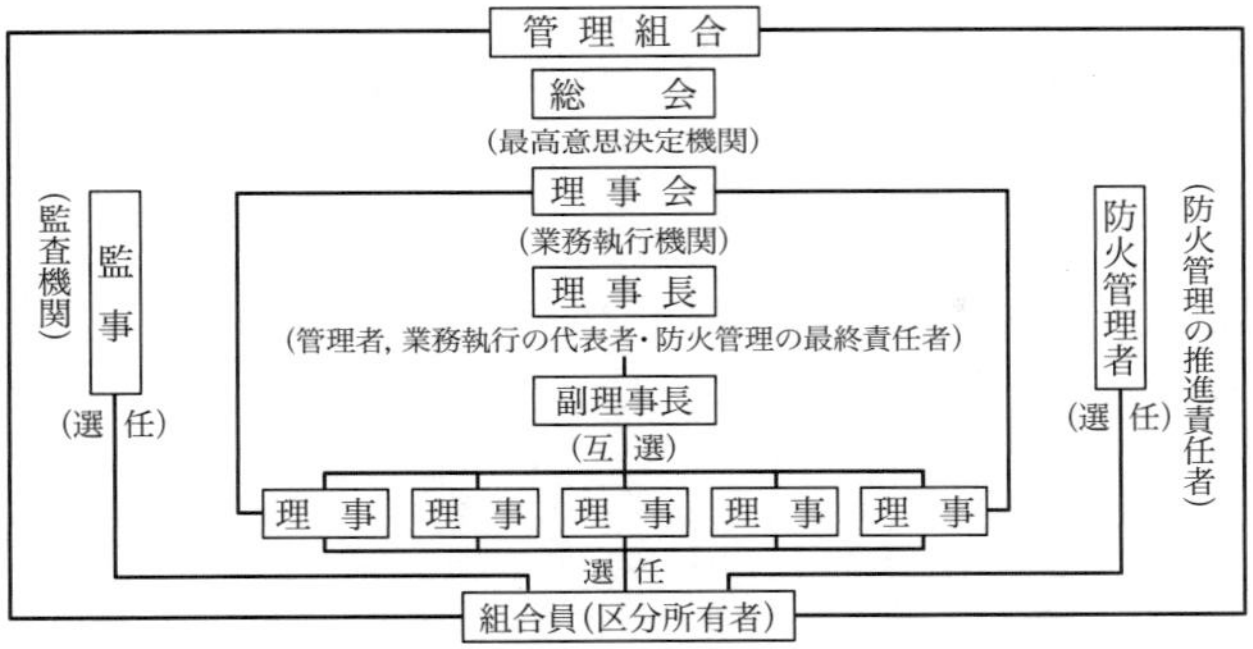

図 1-1　管理組合の組織図

うに規定しています。

「区分所有者は、全員で、建物並びにその敷地及び附属施設の管理を行うための団体(管理組合)を構成」して、「集会を開き、規約を定め、及び管理者(一般的には理事長)を置くことができる」。

マンションの専有部分(住戸)は、各区分所有者が管理しなくてはなりません。一方、共用部分(躯体やエントランス、ベランダ、エレベーター、給排水設備など)と敷地は全区分所有者の共有財産です。全員が一定のルールのもとに協力し、管理する必要があります。その維持管理を円滑に行うために構成された、民主的な団体が管理組合なのです。

条文のとおり、区分所有関係が生じた瞬間から管理組合は成立し、区分所有者はその意思にかかわらず、構成員になります。そして管理組合は「管理規約」を定めて活動を開始するのです。

管理組合の業務は、共用部分の保全や、長期修繕計画の作成と大規模修繕の実施、修繕積立金の運用、居住者のコミュニティ形成などです。通常、管理組合は、理事長と理事、監事、防災担当の役員たちを中心に運営されています。

管理組合の使命は、ひと言で表わすと「みんなで話し合って決めて実行する」こと。民主的な意思決定に尽きます。理事長は毎年少なくとも一回の通常総会を開かねばなりません。決議の内容によっては臨時総会も招集できます。

議案は、ふつう一住戸一票を持ち、多数決で議決されます。総会が成立すれば、収支報告や管理費の決定、管理会社の変更などを決める「普通決議」は区分所有者および議決権の過半数で、管理規約の設定や共用部分の変更などに関する「特別決議」は同じく四分の三以上、建物の建て替えは五分の四以上の賛成で可決します。

大多数の管理組合は業務の一部、もしくは大部分を管理会社に委託しています。「自主管理」を掲げて自力で行う管理組合もありますが、少数です。

管理会社の仕事は、管理費の出納や収支報告、帳簿管理や総会支援の「事務管理業務」、マンションに派遣した管理員による受付、点検、報告といった「管理員業務」、敷地内の「清掃業務」、設備・機械のメンテナンスに関する「設備管理業務」に分類されます。

管理組合は、これらの日常業務を管理会社に委ねつつ、住民の合意を形成し、長期修繕計画を立ててメインイベント「大規模修繕」を実施します。

大規模修繕はマンションの寿命をのばす大切な事業です。

ところが、近年「談合・リベート」の深い闇が大規模修繕を覆っているのです。大規模修繕には億単位のお金がかかることも珍しくありません。ほとんどの管理組合は、外部の建築設計事務所にコンサルティングを依頼したり、管理会社にコンサルタントを紹介してもらったりして大規模修繕に臨みます。

そのコンサルタントや管理会社と、施工業者との間で談合が行われ、管理組合の知らないところでリベートが行き交う事態が起きているのです。安いコンサルタント費用で管理組合と契約した設計会社が意中の施工会社を大規模修繕工事の元請けに選び、割高の工事費で受注させ、何千万円ものキックバックを受ける。そんな「談合・リベート」の裏側が多くのメディアで赤裸々に報道されています。

詳しくは二章に記しますが、管理組合にとって、弁護士やマンション管理士も含む、第三者の専門家とどんな関係を結ぶかが将来を左右するテーマに浮上してきました。

鎌倉の老朽マンションが「楽園」に

マンションが超高齢化の波を受けとめ、スラム化を防ぐには何からどう手を付ければいいのでしょうか。状況が厳しくなるなか、スラム化の危機を脱し、「楽園」の域に達した高経年マンションもあります。

神奈川県の古都、鎌倉。観光客がひしめく大通りから少し入ったところに「小町マンション」が閑静な街並みに溶けこんでいます。竣工は一九七〇年。ほぼ半世紀を経ていますが、三、四年に一度、空室が出ると、瞬く間に売れます。

戸数は一四、戸当たりの平均居住面積が一〇九平米と広く保たれています。八〇平米の住戸で中古価格は四〇〇〇万円を超えています。鎌倉駅周辺は景観地区に指定され、建築規制がかけられており、今後、近隣にマンションが建つ可能性は低いとみられます。

小さくて古い、「二つの老い」を背負うはずのマンションが、どうして楽園に生まれ変われたのか。住民のキーパーソンで、元管理組合理事長の中津元次さんを訪ねました。

中津さんが小町マンションに入居したのは一九八五年。その当時、分譲開始から一五年が過ぎ、マンションは荒れていました。開発した電通恒産（現・電通ワークス）は分譲マンション事業から撤退し、維持管理に消極的でした。管理組合も崩壊し、惨憺《さんたん》たる状態だったのです。

「お風呂に入って湯の蛇口をひねったら冷水しか出ません。震えて飛び出ました。当時は一階と屋上に灯油タンクが置いてあってボイラーで沸かしていたのですが、まったくメンテナンスしていなくて、まともに動かない。高架水槽から冷房用の水を全館に送っていたのですが、ファンが回る音がうるさいと近所からクレームがついて、夜一〇時で冷房はストップ。トイレの下水は浄化水槽で処理していましたが、市は公共下水道への接続を奨めていて時代遅れ。次から次に問題が起きて、正直、こりゃ参ったな、と思いましたね」

と、中津さんはふり返ります。

「何とかしなきゃ大ごとになる」と意を決したのは、初めて管理組合の住民総会に出たときでした。維持管理に必要な資金がまったく貯まっていなかったのです。

「決算が全然できていなくて、驚きました。管理費を払う世帯もあれば、ディベロッパーが入居時に交わした約束を守らなかったと言って、まったく払っていないお宅もあった。修繕積立金はほぼゼロです。どんぶり勘定で、やむを得ない修繕には管理組合がディベロッパーから借金して対応していましたが、その金額もあやふや。住民は未亡人や芸事の先生、彫刻家、会社員もいたけど営業マンで、ビジネスのマネジメントとは縁遠そうでした。仕方ない。自分の家なんだから自分でやるしかありませんよね」

大手コンピューター会社に勤務していた中津さんは、たまたまファシリティ・マネジメントの部署に移ったばかりでした。業務用不動産の土地、建物、設備を経営に最適な状態で保有し、運営、維持することが中津さんの仕事になっていました。

公私ともに建物と向き合います。中津さんは管理会社を財閥系不動産会社の子会社に変更し、修繕計画を立てるよう求めました。建物全体で緊急修理のアラームが鳴り響いているような状態です。一刻も早く大規模修繕をしなくてはならないのですが、あれもこれも一度にはできません。修繕や改修の優先順位をつけました。

一　給湯ボイラーの灯油からガスへの変更
二　浄化槽を撤去して下水道を設置
三　外壁の補修と屋上防水

費用は、締めて六四〇〇万円と見積もられます。中津さんは「各世帯が居住面積に応じて修繕費を負担しよう」と住民を説得して回ります。「払えない」という世帯には銀行融資の手配を持ちかけます。調整の末、全住民が費用負担に応じてくれました。

一九八五年に「一」と「二」を更新し、三年後に「三」を行います。こうして最初の山場、大規模修繕を乗り切りました。管理費は、駐車場料金を含めて一戸当たり年間三二万六〇〇〇円、修繕積立金は二一万二〇〇〇円と確定し、収支のバランスを取ります。

なかにはディベロッパーが入居時の約束を反故にしたと主張して管理費を払わない住民もいました。説得にも応じません。中津さんは裁判所に住戸の「差し押さえ仮処分」の申請を行います。申請が認められ、住戸を差し押さえる寸前、その住民は管理費の支払いに応じました。

徐々に劣化した設備が更新され、維持管理の体制が立て直されると、マンションの雰囲気はがらりと変わります。住民どうしの交流が活発になり、共同体の一体感が生まれました。建物のハードと、コミュニティのソフトは「不離一体」です。マンションに秘められていた価値が見直されてきました。

その一例が、建物の強さです。小町マンションは、すこぶる頑丈でした。これは竣工した年代と関係があります。東京都渋谷区神宮前に高級マンションの草分けといわれる「コープオリンピア」が建てられたのは一九六五年。小町マンションの完成は、その五年後です。住宅金融公庫（現・住宅金融支援機構）の高層分譲住宅購入資金融資がスタートし、地価公示の制度が始まったころでした。

マンションの大衆化路線に火がついた時期ですが、供給戸数は年間一〇万戸程度と少なく、大手建設会社は威信をかけて新タイプのマンション建設に力を注いでいました。強固な地盤の上に頑強な躯体を建てます。多くの鉄骨、鉄筋と質のいいコンクリートを使い、鉄筋を覆うコンクリートの厚さ(かぶり厚)も十分にとってあります。その後のマンションブームの突貫工事で建てられたマンションよりも、よほど強くできていたのです。

小町マンションは新耐震基準(一九八一年制定)に満たなかったので、九五年の阪神・淡路大震災後、耐震補強をします。そのときに建物の強さが判明しました。

「躯体コンクリートのコア抜きをして専門機関に分析してもらうと、新品のように強い、しっかりしていると評価されました。と言っても耐震の基準は基準ですから一階に鉄骨の筋交《すじか》いを設けた。その上からデザイン的な処理をして筋交いに見えないよう耐震補強したんです。東日本大震災の後、建物の一部にクラック(亀裂)が見つかったので、その住戸の持ち主が内装を取り去ってスケルトン(躯体)にして改修するのに合わせて補修しました。今後五〇年、築後一〇〇年は持ちます。そこを目標に維持管理の計画を立てています」

と、中津さんは語ります。一〇〇年マンションへの道は、二〇〇一年、二度目の大規模修繕を機に開けました。建物の品質、財務の両面で一〇〇年寿命が射程に入ります。適正な価格で

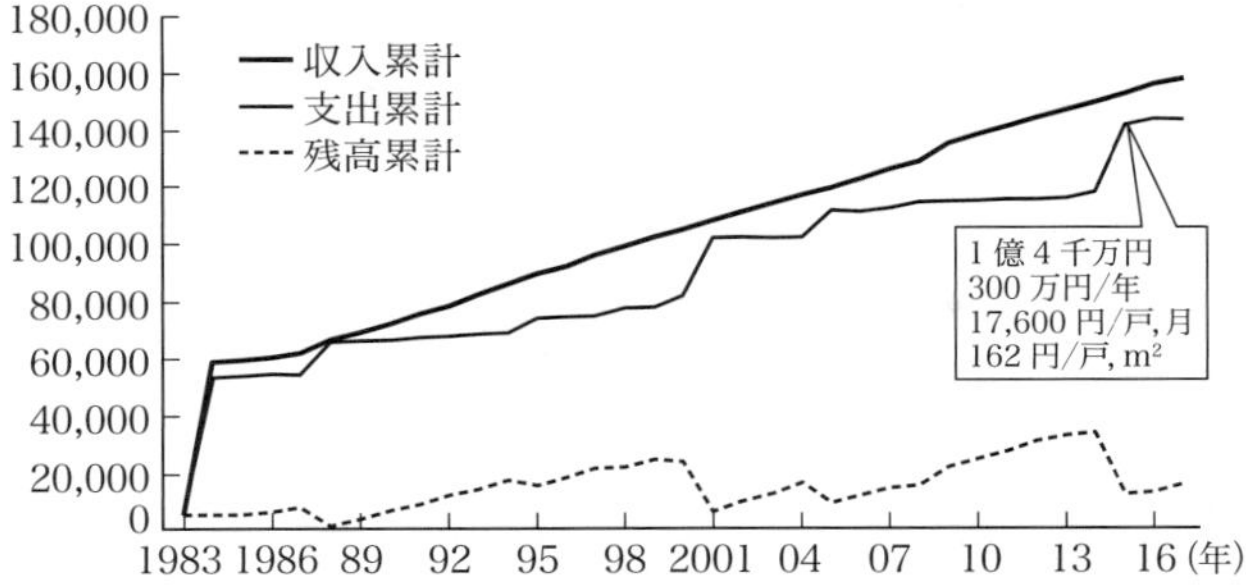

図 1-2　鎌倉小町マンション　累計修繕費（収入・支出　千円）

の修繕行程がほぼ確立できたのです。

一般的に大規模修繕の発注方式は、コンサルタントによる「設計監理」、施工業者にすべて任せる「責任施工」、管理組合に補助者（コンストラクション・マネージャー）が付いて工事業者に分離発注する「コンストラクション・マネジメント（ＣＭ）」の三つに大別できます。それぞれ良し悪しがありますが、小町マンションが選んだのはＣＭをアレンジした形でした。管理組合は信頼できる一級建築士を補助者に選任して、適材適所で工事業者に分離発注しました。

多くのマンションが採用する設計監理方式は、元請けの施工会社から一次下請け、二次下請けの専門工事業者へと重層的に発注します。その間でマージンが生じ、工事費が膨らむのです。ＣＭ方式は工事業者が横並びですからマージンを圧縮できます。それでＣＭ方式を採用したのです。

「大規模修繕は、足場仮設や屋上防水、外壁修繕、鉄部の塗装とか、建物の部位に分かれますね。各部位の専門業者から見積もりを取りました。一方で、施工会社からも見積もりを取る。施工会社は傘下の部位業者の工事費を積み上げて見積もりを出します。そして、全部の見積もりが揃ったところで、足場なら足場で一番安かった部位業者と施工会社を話し合わせて、業者を入れ替える。そうやってコストを下げていきました」と中津さん。

二〇一五年には三度目の大規模修繕を終えました。

管理組合の理事、山本泉さんは「中古マンション観が変わった」と言います。

「私がここに引っ越してきたのは二〇一七年一二月でした。それまで横浜に新築されたマンションで生活していたのですが、七、八年前に、ここの住戸を内見させてもらって、中古のイメージがガラっと変わりました。古くても、いいものはいい。逆に新しいものよりもいい。街の雰囲気や生活環境も含めて、ここしかない、と。空きが出たときに不動産屋さんから連絡があったので、すぐに見て即決です。よくぞ、ここまで手を入れて、維持してくださったと思いますね」

小町マンションが危機を脱してからの累計修繕費用のグラフをご覧ください。残高は大規模修繕のたびに減りますが、資金の積み立てで回復し、累計収入は着実に増えます。このまま、あと半世紀、静かに時を刻んでゆく予定です。

「マンション管理条例」の広がり

築後三〇年、四〇年で廃墟と化すマンションがある一方、築後五〇年が折り返し点、一〇〇年もつ楽園も存在します。スラムと楽園の格差は開いています。

自治体もスラム化を防ぎ、マンションの格差を縮めようと動きだしました。

かつて自治体はマンションを私有財産の集合体とみなし、かかわろうとしませんでした。しかし、社会的影響力が高まったマンションを「新築・売り抜け」のレッセフェール（自由放任）に委ねていてはスラム化を止められず、地域が崩れます。

そもそも日本の都市計画が欧州のように機能していれば、野放図な住宅供給は続かなかったはずです。欧州では「計画なくして開発なし」の原則が貫かれ、都市づくりの基本理念と目標を示した「マスタープラン（総合計画）」のもと、「地区詳細計画」で細かな土地利用が決められます。日本では一度決定した都市計画が安易な規制緩和で骨抜きにされてきました。四章で詳述しますが、容積率が緩められ、超高層があちこちに建つ。あるいは地域に負荷を強いるワンルームが集中してしまう。都市計画の歯止めがきかないのです。

そうした日本にあって、マンション規制の先鞭をつけたのは東京都豊島区でした。豊島区は、全住宅の八割以上が分譲マンションを含む共同住宅です。世帯構成も非常に偏っており、全世帯の五六パーセントが単身者なのです。しかも広さ三〇平米に満たない狭小の集合住宅が全住宅の約四割を占めています。

豊島区では、池袋駅周辺にワンルームマンションが大量に建設されてきました。JRと私鉄が乗り入れる池袋駅は交通の便が良く、学生や独身会社員が集ります。彼らはワンルームに賃貸で入り、隣近所とのつき合いはなく、短期間そこで暮らしてどこかへ移ります。

ワンルームは節税用の投資物件が主で、所有者はばらばらです。管理組合の活動は低調で、賃借人が退出したら管理費を滞納する所有者も少なくありません。少子化でワンルームの需要は減っていきます。家族世帯が居住したくても豊島区には良質な住宅が足りません。長い目でみるとワンルームはスラム化の火種でした。豊島区は英断を下します。

二〇〇四年六月、「狭小住戸集合住宅税条例（ワンルームマンション税）」を施行したのです。狭小住宅を建てようとする建築主に対し、一戸五〇万円の税を課します。仮に三〇平米未満の住室一〇戸のマンションを建設すれば、建築主は五〇〇万円の税金を払わなくてはなりません。ワンルーム供給の入口に課税しました。

それから九年後、スラム化を防ぐ「豊島区マンション管理推進条例」が公布されます。この条例によって、区内の管理組合は管理状況の届け出を義務づけられました。届けを出さない、もしくは届け出内容が規定に適合しない場合は、区が指導、要請・勧告し、マンション名を公表する罰則も定められました。

自治体が、マンション管理にここまで踏み込んだのは全国で初めてでした。ワンルームマンション税の税収は年間三億円程度に上り、良質な住宅の整備につぎ込まれます。

豊島区長の高野之夫氏は、特定非営利活動法人日本住宅管理組合協議会（ＮＰＯ日住協）のインタビューを受け、ワンルーム課税の意図をこう語っています（二〇一三年三月八日）。

「ワンルームマンションは、投資目的で、景気のいい時、金利の低いときにつくられ、池袋を抱える豊島区は、地の利がいいとして狙われました。ワンルームマンションは、管理はお任せで、しかもできるだけ管理費を削る、入居者の半分以上は、住民登録もしない。このころから、この町に対する危機感が生まれてきました」

高野区長は、マンション管理推進条例への思いをストレートに述べます。

「修繕費もかけない、計画修繕もしない、修繕費積み立てもしないマンションが増えると、マンションはどんどん劣悪化して、建て替えもできなくなる。ほかのひとと縁もない状況、ただ寝に帰るだけという町では、いけないと思いました。（略）自分の投資したものを回収できればいいというのでは、住宅はどんどん劣化してゆく」

「これから、マンションの人たちが、区の中でどうやってコミュニケーションをつくっていくのか、そういう意味で、しっかりしたマンションの管理ができて、また何十年後かにきちんと再生、建て替えられるマンションであってほしい」

「町内会に入って、地域との縁をつくっていただいて、そうして三〇年以内に来るという首都直下型地震に備えるマンションの防災態勢をつくることも大事ですよ。そのことに積極的に参加してもらって、防災は町全体でやっていかないといけない。しっかりした管理組合、住民が行政とともに地域のコミュニティをつくってもらいたい」

マンション住民の関心の的は管理推進条例の「罰則」で名前が公表されるかどうかです。高野区長は「不適格のお墨付きをもらったとなれば、それは価値がさがりますよ。これは、ずいぶん効くんじゃないですか」と言いつつも、「指導して協力を求めて、それでも従わないときしか、伝家の宝刀は抜きません。最後の最後ですよ。やるのは。良好な住環境をつくる、それがまさに、狙いですからね」と抑制気味です。

実際、条例施行後、指導や要請・勧告に従わず、名前を公表されたマンションはないようです。これを指して「条例は努力目標に過ぎない」と批判するむきもありますが、野放しに比べれば大きな変化でしょう。同趣旨のマンション管理条例の制定は、墨田区、板橋区、千代田区へと広がり、東京都も「マンションの適正な管理の促進に向けた制度案」の概要を二〇一九年春にまとめ、条例化に踏みだしました。管理不全の兆しのあるマンションへのアドバイザー派遣や、改良修繕費用の助成も盛り込まれています。

「脱スラム化」へと管理組合、地域、自治体が問題意識を共有しつつあります。

が、しかし……不動産、建設行政の根幹を握る国は、既存マンションの維持管理や流通の促進、建物を生かした「再生（リノベーション）」には消極的です。旧「建設省」を母体とする国交省は、相変わらず「建設」主体で政策を考えます。スラムと楽園を分けるのは、じつは根本の住宅政策、マンション政策なのです。国交省は前例主義で過去に囚われているようです。住宅政策の流れをたどっておきましょう。

スクラップ＆ビルド推進の政策潮流

戦後、日本の住宅政策は、絶対的な住宅不足、量的供給の確保からスタートしました。焦土と化した都市に地方へ疎開していた人や引揚者・復員兵がどっと帰ってくる。不足する住宅の数はじつに四二〇万戸。都会では五人に一人は住居がありませんでした。

戦火で焼かれた街では、「不燃のコンクリート住宅」が垂涎《すいぜん》の的でしたが、民間に資金もノウハウもなく、官に頼るほかありません。一九五一年、田中角栄(のち首相)らの議員立法で「公営住宅法」が成立し、地方公共団体が国の補助を受けて賃貸住宅を建て始めます。

高度経済成長期にさしかかり、地方から大都市へ若い労働者が押し寄せます。五五年、「日本住宅公団(現UR都市機構)」が創設され、「食寝分離」の「2DK(四三平米)」の住戸を集めた「団地」が全国に建設されます。

民間の分譲マンションは、五六年に日本信販が東京都新宿区で販売した「四谷コーポラス」(五階建て・二八戸)が第一号だとされます。広さは八〇平米で高級感に満ちていました。

人口の都市集中とともに地価は上がり、民間も集合住宅の建設に乗り出します。官民の分譲集合住宅が約一万戸に達し、さすがに国も「建てた後のこと」を考慮し、六二年に「(旧)区分所有法」を公布しました。マンション法とも称される重要な法律です。

しかし、法務官僚がドイツの「住居所有権法」を参考にしてこしらえた区分所有法には弱点がありました。マンションを「共同体」ととらえ、維持管理をしていく発想が欠けていたのです。管理組合の位置づけは曖昧で、管理規約の改正も、共用部分の変更も「全員合意」、義務違反者への措置は明記なし。さらに一戸建てのように土地と建物の権利が別々で、一体化されていなかったために登記上のトラブルが多発しました。

ドイツの住居所有権法は土地と建物の「共有権」、住居の「特別所有権（区分所有権に相当）」、所有者の「共同体」の三位一体で構成されています。共同体には「秩序ある維持修繕」が義務づけられ、「共同利益に著しく違反」した居住者には他の住民の決議、裁判を経て専有部分を競売できる規定もありました。共同体のルールがしっかり明記されています。

一方、日本の区分所有法は、共同体の縛りよりも個人の「所有権」を重んじていました。義務違反者への措置を明記しなかった理由を、当時の法律学者はこう語っています。

「そういう規定があると、いわゆる村八分というか、一部の者が徒党を組んで気にいらないやつを排斥するというようなことになりかねない。日本人にはそういう性癖もあるのだからそういう危険があっては困る。（略）所有権を取り上げてしまうのは行き過ぎじゃないか」（『ジュリスト』二四六号・一九六二年）

こうして共同体の視点を欠いたまま、官民ともに「新築・売り抜け」で手離れのいいマンションを建て続けます。管理組合のないマンションもありました。法的な放置期間は何十年も続きます。その間、一つ屋根の下に大勢が集まって生活すれば、否応なく、共同性が問われます。

あちこちで私権と私権がぶつかり、火花が散る。騒音、ゴミ出し、ペットでもめる。暴力団がマンションに組事務所を構え、住民との諍《いさか》いも起きました。

八〇年代に入り、やっとマンションの維持管理に光が当たります。八二年に建設省が「マンション標準管理規約」の原型である「中高層共同住宅標準管理規約」を発表し、各地で管理組合の団体が産声を上げます。翌年、ようやく区分所有法が改正されました。住戸と土地の権利が結ばれ、敷地の持ち分は専有部分とセットで取引しなくてはならないと決まったのです。

管理組合の規約改正や共用部分の変更は区分所有者および議決権の「四分の三」以上の賛成、集会決議で管理組合は法人格(管理組合法人)が取得できる、と改められました。

注目されたのは建て替えの決議要件でした。地震国でありながら、元の区分所有法には老朽化や劣化、災害被害などで建物が壊れた場合に、建て替えか、修繕か判断する基準が示されていませんでした。改正された区分所有法は、「……建物がその効用を維持し又は回復するのに過分の費用を要するに至ったときは、集会において、区分所有者及び議決権の各五分の四以上の多数」で建替え決議ができると規定しました。

「回復するのに過分の費用を要する」とは、修繕費用が同等の建物の新築費の半分以上かかることを指します。修繕費用が新築費の半分以上なら建て替え、と客観的要件を示したのです。

これは米国の「FEMA（連邦危機管理庁）」の方針を踏襲しています。

多くの管理組合は、修繕か、建て替えか、判断基準ができて胸をなでおろしました。建て替えの客観的要件は、しかし建物をスクラップ&ビルドして開発したい不動産・建設業界とそれを後押しする政官によって骨抜きにされていきます。

転換点は、一九九五年の阪神・淡路大震災でした。

被災したマンションの建て替えには、がれき処理のための「公費解体」が援用されました。解体費ゼロで再建へと誘導されます。二〇〇四年時点の兵庫県の統計では、建て替えの方針を決めたマンションは一〇八件、補修は五五件。建て替えを選択したマンションのうち、少なくとも四件で訴訟が起きています。

神戸市灘区の「六甲グランドパレス高羽」（一七八戸・一九八〇年竣工）では、住民が補修派と建て替え派に割れ、裁判が最高裁まで続きました。争点は「過分の費用」の客観的要件が満たされたかどうか、でした。最高裁は補修派の訴えを退け、建て替えが確定しましたが、震災後、再建までに一三年かかりました。

不動産・建設業界は、解釈が難しく、裁判の争点になった客観的要件を邪魔もの扱いします。

現実とかけ離れた建て替え誘導策

小泉政権下の二〇〇二年八月、法務省の諮問機関「法制審議会」(法制審)の会合が開かれました。阪神・淡路大震災後に建て替え紛争がいくつも起きたことから、「客観的要件を明確にする」ために招集されたのです。法制審のメンバーは「建物が築後三〇年以上」「修繕費が建替え費の二分の一」と条件に書き込もうと考案していました。

そこに森ビル社長(当時)の森稔氏と、政策研究大学院大学教授の福井秀夫氏が「参考人」として乗り込んできます。折しも小泉政権は、「官から民へ」を掲げ、新自由主義的な規制緩和を推し進めていました。森氏は、その司令塔ともいうべき「総合規制改革会議」の委員、福井氏は専門委員でした。規制改革会議は、「都市再生」の名のもとに「マンション建替えの円滑化」を政府に答申していました。

法制審のメンバーを前に森氏は「建替え要件は五分の四の合意のみでよい」と書いたレジュメを配布し、「五分の四の多数決そのものをもって、建て替えの利益が維持利益を上回るという蓋然性が高い」と言い放ちます。福井氏は法制審案を、こう批判しました。

「これはマイカーの買い替えをするときに、たとえば乗車年数が一〇年未満なら買い替えてはいけない。あるいは、いま乗っている非常に古い中古車の修理費用が、現在価格の二分の一以下なら買い替えてはならない。こういう規制を設けることと同じです」

たちまち森氏と福井氏は、法制審の案を覆しました。

こうして客観的要件は切り捨てられ、「五分の四」合意のみで建替え決議は成立する、と区分所有法は改められます。先に成立していた「マンション建替え円滑化法」を区分所有法が補完してスクラップ&ビルドのレールが敷かれたのでした。

この時期、国はマンション管理適正化法を制定し、指針も示して維持管理の大切さにも目を向けてはいます。「長期修繕計画標準様式・作成ガイドライン」(二〇〇八年)、「マンションの修繕積立金に関するガイドライン」(二〇一一年)と具体的な方策を発表しました。けれども全体を見渡すと、新築促進策が「主」、ストック改善策は「従」の感は否めません。

マンション建替え円滑化法は、二〇一四年に巨大地震の危険を理由に「建替え法」へと衣替えされました。耐震性不足マンションの容積率緩和の特例を設けて建て替えを促そうというのです。建て替えは一体、誰のためのものでしょうか。

建て替え制度が次々とつくられるのとは裏腹にその件数は増えません。一九年四月時点で、実施中も含めて建て替えられたマンションは全国で二六七件にとどまっており、東京に集中しています。立地条件が良く、建て替え後に増やした新住戸を販売して住民の負担を軽くできる物件でしか、再建事業は成り立ちません。

条件が整わない建て替えは、住民に「二重ローン」の重荷を強います。それは客観的要件が切り捨てられる契機になった阪神・淡路大震災後の建て替えが如実に物語っています。

朝日新聞が同震災で建て替えたマンション住民一〇〇〇人に行ったアンケート調査(一九九九年九月二七日付)では、再建に要した費用は一戸平均二一七〇万円。仮住まいの家賃を加えると、持ちだしは二五〇〇万円余り。二重ローンを背負った人は三八パーセントです。

公費解体や補助金などの支援措置で再建費が二割程度軽減されたにもかかわらず、これだけの負担が生じています。一般社団法人日本マンション学会・関西支部の調査では、再建後のマンションに戻ってきた住民は「六四・五」パーセント。八割が賛成して建て替えても六割少々しかわが家に戻れていません。この厳粛な事実を真剣に受けとめねばならないでしょう。

第三者管理者方式の限界

「二つの老い」が深刻化するなか、マンションへのきめ細かな対応が求められます。高齢化が進み、管理組合の理事のなり手がいなくなったマンションに対して、国が示した案は「第三者管理者方式」でした。国交省は、二〇一六年に「マンション標準管理規約」を変更し、「外部専門家を役員として選任できる」としたのです。それまで「居住している区分所有者」に限定していた役員要件を撤廃しました。外部専門家の例として、管理会社、マンション管理士、管理組合団体を挙げています。国交省は外部専門家が個別の管理組合に理事のピンチヒッターで入ることにお墨付きを与えました。

第三者管理者方式は、区分所有者が遠く離れている投資用のワンルームマンションやリゾートマンションなら一定のニーズはあるでしょう。けれども、一般のマンションに外部専門家が介入すれば、さまざまなリスクが生じます。もしも専門家が管理費や積立金を使い込み、修繕工事を恣意的に発注して管理組合に損害を与えたような場合、個人で補償できるでしょうか。ただでさえ、大規模修繕工事は業者間の「談合・リベート」や、管理組合理事と業者の癒着の機会に利用されがちです。大手管理会社の元役員は、こう語ります。

「富裕層の住民ばかりで、皆さん世界中を飛び回っていて、管理組合なんかにかかわっていられないという超億ション、それとリゾートマンションで、過去に第三者管理者方式を採用していただきました。一部、ファミリータイプもありましたが、広まりません。マンション管理士の利益相反を抑える手立てはない。管理会社だって破綻の可能性がある。そもそも理事のなり手のない、サポートが必要なマンションは、お金がないから専門家を呼べません。理事会を

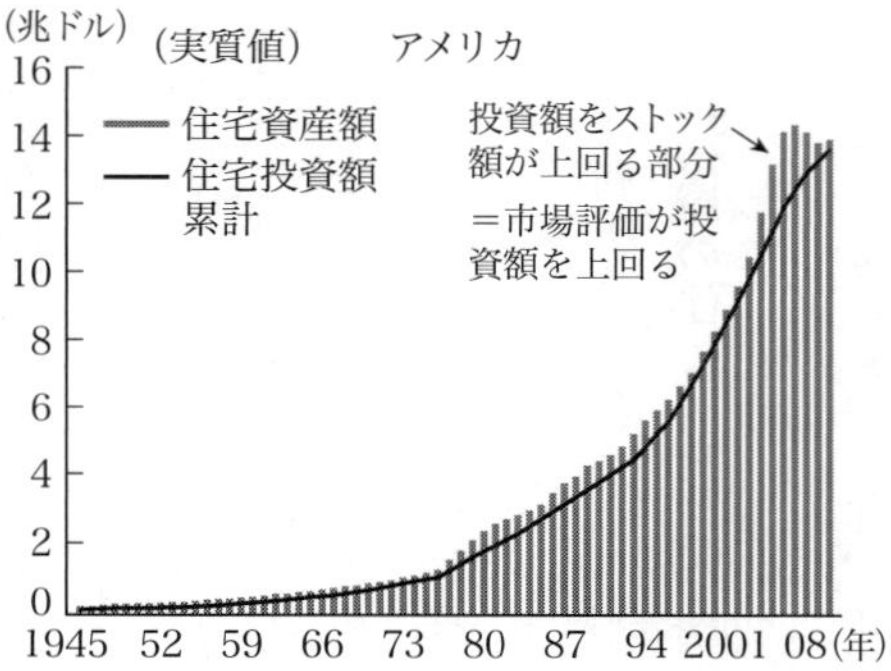

(資料)住宅資産額：「Financial Accounts of the United States」(米連邦準備理事会)
住宅投資額累計：「National Income and Product Accounts Tables」(米国商務省経済分析局)
※野村資本市場研究所の「我が国の本格的なリバース・モーゲージの普及に向けて」を参考に作成

トックの資産額を比較すると，米国では，住宅投資は，投資額の累積を約500兆円下回る額のストック

(国交省「中古住宅の流通促進・活用に関する研究会」参考資料，2013年6月)

無くすとか、決裁を簡単にするとか、事務処理を大幅に減らして管理会社が業務委託費のなかに仕事を飲みこめれば、普及するかもしれませんが、難しいですね」

人口減少と超高齢化の重圧がかかる日本。マンションを含む住宅の政策を、根本から見直す時期にきています。「新築・売り抜け」から「いい建物を修繕、改修しながら長く使う」方向への転換です。

視点を少し高めて、日米の住宅ストックを俯瞰してみましょう。

グラフは、日本と米国、それぞれで過去に行われてきた住宅投資

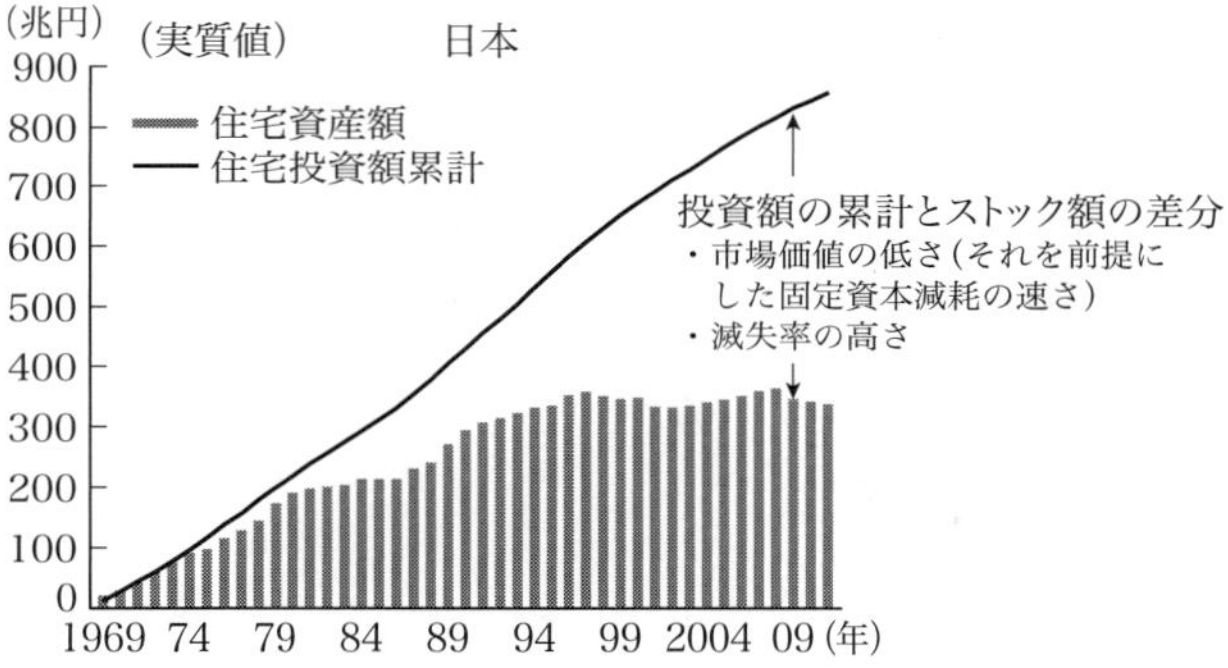

(資料)国民経済計算(内閣府)
※野村資本市場研究所の「我が国の本格的なリバース・モーゲージの普及に向けて」を参考に作成
※住宅資産額の2000年以前のデータは，2005年基準をもとに推計

これまで行われてきた住宅投資額の累積と，住宅ス額に見合う資産額が蓄積しているのに対し，日本でしか積み上がっていない.

図 1-3　日米の住宅投資額累計と住宅資産額

額の累計と、住宅ストックの資産額を比較したものです。米国では住宅投資額に見合う資産額が蓄積されています。これは「土地・建物一体」で評価し、中古住宅でも手を入れて良好に保てば価格が下がらない、むしろ高まるシステムが機能しているからです。

かたや日本は、マンション建設が本格化したころから四〇年間に九〇〇兆円ちかくもの投資が行われていますが、蓄積された住宅資産額は半分以下。米国を約五〇〇兆円も下回っています。莫大な無駄遣いをしています。日本には

「土地・建物別々」の評価で、「土地こそ資産、建物はおまけ」という考えがはびこっているのです。

戦後、大規模な開発や、容積率の緩和で地価が押し上げられました。地価は下がらないという「土地神話」が生まれ、土地担保主義が金融機関に浸透します。土地神話は、しかしバブル崩壊であえなく潰《つい》えました。それにもかかわらず、十年一日のごとく、「新築・売り抜け」が行われています。

建物の会計上の価値は、木造が二二年、鉄筋コンクリート造は四七年で減価償却されてゼロになってしまいます。新築マンションは概ね「土地三割、建物七割」の資産価値で販売されます。買ったときは建物の価値が大きいのですが、年々、減価償却され、維持管理が崩れて環境が悪化すれば、わずかな土地の価値しか残りません。

住宅を建てても、建てても、資産が蓄積されない。たくさんの住宅が余り、空き家が大量に発生しても、まだ建て続ける。フローの経済効果ばかり追ってスクラップ&ビルドがくり返され、住宅が恒産になっていません。そろそろ壮大な一輪車操業に終止符を打たなくてはならないときがきたようです。多くのマンションが、生きのびる方法を真剣に探っています。

第２章
大規模修繕の闇と光

「労住まきのハイツ」の入口と団地

掠め取られる修繕積立金

全国のマンションが、避けて通れない運命に直面しています。建物の老朽化と、住民の高齢化という「二つの老い」です。二〇〇〇年代初め、超高層マンションの建設ラッシュのころ、二つの老いという言葉を私が初めて使ったときは、どこか他人事のような反応もありましたが、年月を経てそれは不可避の壁となりました。

国土交通省の調査では、分譲マンションの総ストック数は六五四万七〇〇〇戸（二〇一八年末現在）。そのうち築後三〇年超が約一九八万戸と三割を占めています。築後四〇年超は八一万四〇〇〇戸で、一〇年後に一九八万戸、二〇年後は三六七万戸へと急増します。すでにマンションの世帯主の半数が六〇歳以上です。

一方で「マンションを終《つい》の棲家《すみか》にしたい」と願う住民も六割以上に達し、その割合は年々増えています。古いマンションでも建物を修繕、改修して住み続けたい。でも、住民の高齢化で管理組合理事のなり手がなく、修繕積立金は不足し、管理費の滞納も増えてきた。空室が目立ち、建物の劣化が進む。はたしてマンションは次の世代に住み継げるのか……。

そんな共通の壁が立ちふさがっています。

そして、この壁を乗り越えていく、大切な節目が「大規模修繕」なのです。ほぼ一五年周期で外壁や防水の補修、鉄部塗装などを行う大規模修繕は、物理的に建物を長く、良好に保つ手段です。とともに外部の専門家の協力を得て、建物を調査・診断し、計画を立てて施工業者を選び、工事の進みぐあいを監理し、竣工、アフター点検へと至るプロセスは、住民の意思決定によって支えられています。話し合いと合意が欠かせません。

大規模修繕は、単なる建物の化粧直しではなく、マンションという共同体を維持する試金石となります。「自分たちの未来を自分たちで決める」自治的な事業なのです。もちろん限られた修繕積立金は無駄なく、有効に使いたい、と住民誰しもが願っています。積立金が不足がちで困難な状況であればあるほど、何をどう選ぶかが重要です。

ところが、この大規模修繕でトラブルが相次いでいます。二つの老いをあざ笑うかのように住民がこつこつ貯めた修繕積立金が割高の工事費でごっそり費消され、その一部が業者間のリベートに使われる例が報告されているのです。

具体的に言うと、住民が構成する管理組合の側に立つはずの設計コンサルタント（一級建築士事務所）が、大規模修繕工事を請け負う施工会社に談合を促し、仕組まれた高値で受注した業者から工事費の五〜一〇パーセントのリベートを受け取る。あるいはマンションの日常管理に携わる管理会社が、息のかかった建築設計事務所をコンサルタントで使ったり、自らコンサルタントを務めたりして、受注した工事業者からバックマージンを徴収する。

そのような「談合・リベート」の不正行為が多くのメディアで報じられています。かく言う私も悪質なコンサルタントの行状を『NHKクローズアップ現代+』や『AERA（朝日新聞出版）』などで指摘してきました。大規模修繕工事には億単位の費用がかかることも珍しくありません。住民が知らないうちに数千万円の裏金が行き交い、大切に貯めた修繕積立金が消えてゆく……。

こんなケースがありました。

二〇一七年の春、京都市右京区の団地型マンションが、数年前に実施した大規模修繕をめぐって激しく揺れていました。大規模修繕は、入居して日の浅い管理組合理事長のリードで行われました。マンションの戸数は三五〇、築後四〇年で三度目の大規模修繕でした。

理事長は管理会社の紹介で改修系の大手設計事務所をコンサルタントに選び、手続きを進めます。理事長は、コンサルタントの設計事務所から「工事は三億円程度で可能」と聞き、施工会社四社を集めて相見積もりの入札を企画します。住民環視の集会で、公正を期して同時に四社の入札書が開かれました。すべてが順調に進んでいるようでした。

ところが、見積書の金額を見た瞬間、理事長はパニックに陥ります。

「五億二〇〇〇万円」。最も低い工事費の見積額がこの金額だったのです。理事長は「話が違う」とコンサルタントに抗議の書簡を送りますが、「三億円と確約した覚えはない」と、はね返されます。打つ手を見出せないまま時間がずるずると過ぎ、着工が近づいて押し切られました。蓄えていた修繕積立金だけでは足りず、管理組合は一億五〇〇〇万円もの借金をして三度目の大規模修繕を行ったのです。

その間、大多数の住民は「専門家に任せておけばいいよ」と傍観していました。しばらくして、管理組合の理事が一新され、四〇代の女性新理事がＮＰＯ法人京滋《けいじ》マンション管理対策協議会（京滋管対協）に相談し、設計事務所の悪質さに気づきました。女性理事は語ります。

「事前に他のマンションと情報交換をしていたら、二億円ちかくもドブに捨てはしなかった。悔しいです。理事長のなり手がいなくて、事情にうとい人に任せた結果です。管理組合が目を覚まさないと何も変わりません」

高額の工事費は、どのように使われたのでしょうか。

京滋管対協代表幹事の谷垣千秋氏は、こう推測します。

「その設計事務所は京都の一等地に会社を構えていますが、過去に何度もトラブルを起こしています。今回も設計監理のコンサルティング料を安くして管理組合に近づき、施工会社に高い費用で工事を請け負わせ、キックバックを受け取ったのでしょう。管理組合には高い買い物になるのです。あの設計事務所の仕事はしないと宣言した、下請けの工事業者もいます」

大規模修繕の終了後、管理組合は京滋管対協の支援を受けて、大規模修繕を請け負った施工会社と一緒に建物点検をしました。建物点検は契約に含まれています。あちこちで不具合が見つかりました。とくに屋上の防水がずさんで、施工会社はすべてやり直します。費用は施工会社持ちです。管理組合は、コンサルタントを通さず、直接、施工会社と交渉してアフターフォローを進めています。

「あなた、責任とれるのですか」談合・リベートのからくり

談合・リベートは想像以上に業界に蔓延しています。国土交通省も事態を重く見て、コンサルタント業界に健全化を求め、二〇一七年一一月、一般社団法人マンション改修設計コンサルタント協会(MCA)が設立されました。

MCAには二一社の一級建築士事務所が通常会員に加盟しています(二〇一九年六月現在)。そ

の行動指針には「紹介料・情報提供料など、不透明な金銭授受の禁止」「施工業者とコンサルタントの不適切な関与の禁止」「契約者の利益に反する行為の禁止」を掲げ、「（会員企業の）コンプライアンス違反が確認された場合事実の公表・除名処分を行う」と明記しています。参加各社はコンプライアンス遵守の「念書」を出しました。

しかしながら、ＭＣＡ設立後も悪弊はなかなか断ち切れていません。談合の輪から外れ、リベート支払いを拒否した施工会社が業界のつまはじきにされています。マンション住民の疑念は募るばかりです。

談合・リベートの深い闇にどう立ち向かっていけばいいのでしょうか。

まずは、大規模修繕にかかわるコンサルタント、施工会社、管理会社の実態をつかんでおきましょう。何が起きているのか、業界の内情に詳しい人に聞きました。

長年、大手改修施工会社や管理会社に勤務し、業界の裏も表も知る二級建築士の椥木《なぎ》達也氏は、「コンサルタントを選んだ時点でレールが敷かれている」と指摘します。

「一般の方が管理組合の理事長や修繕委員長に就いて大規模修繕と聞くと、大ごとだな、と腰が引けます。実体は外壁補修と鉄部塗装、屋上防水、シーリングなどの工事で、建築確認申請もいらない。素人でも勉強したら、ある程度理解できますが、呼称で怯《ひる》む。そこで、なじみの管理会社に「コンサル紹介しますよ」と言われ、はい頼みます、となる。もしくは理事がマンションセミナーに足を運び、コンサルと知り合い、安い契約料の設計事務所を選ぶ。その時点で談合・リベートのレールに乗った可能性が高い。それが現実です」

コンサルタントは、建物の調査・診断、修繕計画作成と設計、施工業者の選定補助、工事監理、アフター点検とサポートなどを委ねられ、「設計監理者」と呼ばれます。監理とは、発注者の側に立って、建築士の責任で工事の状態を設計図書と照合し、きちんと実施されているか確認することです。つまり管理組合の立場で工事をチェックします。これに対し、工事管理は、施工者の側が必要に迫られて行うものですから似て非なるものです。

コンサルタントの一連の業務のなかで、とくに大きな鍵を握っているのが「施工業者の選定」です。業者の選定こそが運命の分かれ道。談合する側は、そこに全神経を集中しているといっても過言ではありません。

コンサルタントの多くは、大規模修繕の元請け施工会社を選ぶに当たり、信頼性、瑕疵《かし》の保証能力を理由に「年商五〇億円以上」「営業実績二〇年以上」「資本金一億円以上」といった条件をつけて公募しよう、と管理組合に提案します。一見、もっともらしいのですが、公募段階で施工会社は数社に絞られ、談合グループが形成されるといわれています。

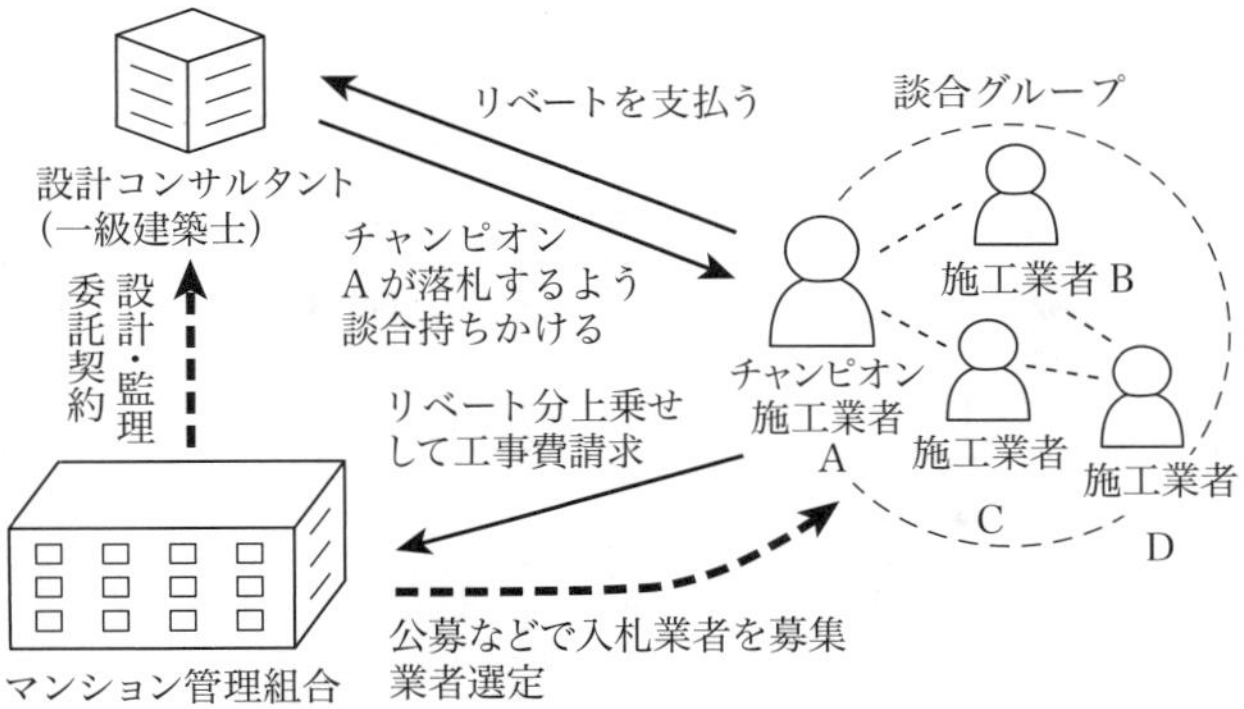

図 2-1　マンション大規模修繕「談合・リベート」の構図

たとえば「資本金一億円以上」のハードルを設けただけで、東京都内のマンション改修専門の施工業者は一〇社程度に限られます。他の条件を加えれば半分ぐらいに減ります。

公募で選ばれた数社が談合グループをつくり、管理組合のコンペ形式の入札に工事費の見積もりを提出。隠語で「チャンピオン」と呼ばれる本命の落札業者が内々で決められ、他社は当て馬で加わる。施工業者は順繰りに落札して工事を回す、というしくみです。

梛木氏は実体験をもとに管理組合への見積書の「偽装」に触れます。

「数社が応募し、本命はA社だったとします。A社が工事の内訳のひな型をつくります。そのマンションの修繕積立金の総額、ぎりぎりを狙って工事の内訳を決める。コンサルは管理組合に対し、「見積もりの公正、公平を期すため工事内容、作業員や材料の数量は各社同じにします、単価は企業努力で少し変わります」と説く。これで大義名分が立ちます」

問題は、その後なのです。

「公正、公平と言う裏で、本命A社の担当が、ひな形に沿って自社の見積もりを作成します。さらに他社の見積もりも、単価を微妙に変えてA社の担当がつくり、それを持って各社を回って印鑑をもらう。コピーを残し、印鑑を押した見積書を封印して管理組合に送るわけです。コンサルには見積もりデータを送っておけば話が通じる。最近は、単価だけでなく、数量も少し変えるようですが、基本は同じ。チャンピオンが談合の実務を仕切ります」

知らぬは住民ばかりなり。見積もりを受け取った管理組合は、応募した施工業者を集めて選考会を開きます。本命が最安値を提示し、エース級のプレゼンテーターが立て板に水で解説。管理組合の役員は「なるほど、そうか。ここに任せればいいだろう」と引き込まれ、本命を選んでしまう……。じつに巧妙に高額の工事へと誘導されているのです。

もっとも、管理組合にも勘の鋭い理事長や修繕担当の理事がいます。「見積額が横並びの僅差で変だ」「別の工事業者からも見積もりを取ろう」と反対意見も出てくるでしょう。

「そのときは、トドメのひと言があります。反対者に『あなた、責任をとれるのですか』と誰かが言うのです。コンサルでも管理組合の修繕委員でもいい。億単位の大規模修繕を、みんなで議論して施工業者を選んできた。それに反対する個人が責任をとれるのか、と刃を突きつける。もうひと言、「ここがどこよりも安いです」と念を押します。本当は仕組まれた見積もりなので割高ですが、見た目は本命が一番安い。反対の声は瞬く間にしぼみます」

と、椰木氏は内幕を披瀝しました。

こうして大規模修繕工事が行われ、高額のリベートがコンサルタントに渡ります。管理会社が気脈の通じた建築設計事務所を設計監理に使う場合も、工事業者からリベートを吸い上げるケースが後を断ちません。管理会社は赤字覚悟で日常の管理業務を受注し、大規模修繕で積立金を吐き出させて儲けるともいわれています。

「営業協力費」「情報提供料」名目でキックバック

私の手もとに改修専門の一級建築士事務所が社員に課した「目標設定シート」があります。そこには「ＫＢ（キックバック）」の表記で、じつに細かく、工事業者から吸い上げる裏金の目標が記されています。駐車場の改修と給排水管整備の総会決議承認＝四一二万円、玄関ドア交換＝一四六万二〇〇〇円、通気管の全交換＝三二万円、ひび割れ・リベット補修＝九万一〇〇〇円……、とキックバックの金額がじつに細かく、並んでいました。

この社員は、管理組合の理事を誘導して駐車場改修や給排水管の整備を住民総会で承認させたので、その工事を行う業者から四一二万円をキックバックさせる、と上司に目標を伝えているのです。一種のノルマといえるでしょう。

かつて改修専門の設計事務所で働いていた一級建築士の山田健太(仮名)さんは、「コンサルタントと施工業者、もしくは管理会社と工事業者は「営業協力費」とか「情報提供料」などの名目で、リベートをやり取りする契約書を交わし、違法性を回避しようとしている」と内情を口にします。

「協定書や覚書の形で、コンサルは大きな施工業者とは工事費の五パーセント、小さな工事業者なら一〇パーセントの比率で営業協力費を取る契約を交わします。相手がスーパーゼネコンだと一パーセントも取れません。力関係で比率は決まる。同じく管理会社も情報提供料として工事業者から五〜一〇パーセントを取っていました。どちらも紹介料ですね」

コンサルタントが紹介料の契約を結ぶのは、税務署に睨まれないための自衛策でもあります。契約書もなく、多額のお金が施工業者から設計事務所に払われていたら「利益供与」とみなされ、刑事罰を科される恐れがあります。「違法性の回避」とは、そういう意味です。税務署は契約書さえあれば中身を問わないのです。紹介料は建設業界に浸透しています。

日本経済新聞の電子版は、中堅管理会社が工事会社に工事費の五パーセント＝一七〇〇万円の「情報提供手数料」をバックマージンとして支払わせた契約書の写真を、記事中に掲載しました(二〇一八年一一月三〇日)。

「この(大規模修繕)案件は設計コンサルがかかわる設計監理方式で、管理会社は関係ない」にもかかわらず、事業者から一七〇〇万円ものリベートを支払わせています。管理会社が工事でマンションへ入る業者から通行料を取り立てているかのようです。

支払う側の施工業者、工事業者は、リベートを負担に感じていないのでしょうか。

山田さんは「業界の一般論」として、こう証言します。

「支払う側も、もぎ取られている感覚はないのです。とくに小さな工事業者は営業マンを雇うゆとりがありません。営業活動をしなくても、コンスタントに仕事がもらえるなら、コンサルや管理会社にリベートを払ったほうが楽です。だから、談合もリベートも「共存共栄の必要悪」と容認する空気が業界には蔓延しています」

しかし、くり返しますが、マンション住民がまったく知らないところで、工事費として払ったお金がリベートに変わっているのです。その分、工事費は高くなっています。「必要悪」は業界側の言い逃れに過ぎず、法的問題があるのは言うまでもありません。

公正取引委員会は、大規模修繕をめぐる「談合・リベート」について「民間同士の取引でも独占禁止法上の『不当な取引制限』にあたる入札談合が適用される場合はある」と見解を示しています（同前・日経新聞電子版）。

住宅問題に詳しい松田弘弁護士は、私のインタビューに「コンサルは管理組合の側に立って、誠実に委託契約の内容を履行する義務を負っている。それなのに、管理組合に内緒で施工会社を決めてリベートを取れば、民法上の委託契約の債務不履行に当たる。管理組合は損害賠償を請求できます」（『AERA』二〇一七年五月二九日号）と答えました。

設計コンサルタントが工事費をつり上げておいて、工事業者から法外なリベートを取れば管理組合の財産に損害を与えており、「刑法の背任罪にあたる」と警告する弁護士もいます。背任罪の立証には高い壁があるとはいえ、違法性は拭えません。

全国のマンションが、建物の老朽化と、住民の高齢化という「二つの老い」の深刻化に苦しんでいます。修繕積立金を無駄なく、有効に使うことはマンション住民共通の願望であり、暮らしを維持するための手段です。

そうした状況での談合・リベートの横行は、マンション生活への信頼と期待を根底から覆す社会問題といえるでしょう。業界を覆う闇の深さに気づいた管理組合のなかからは悪質なコンサルタントと闘う理事長や理事が現れています。

管理組合理事に「内容証明」を送りつけた建築設計事務所

数年前、首都圏にあるマンション(二〇〇戸)の管理組合理事、斎藤弘(仮名)さんは、大規模修繕の設計・監理委託契約を結んだ一級建築士事務所の工事業者選びに「おやっ?」と不信感を抱きました。資本金や年商による業者の絞り込みに違和感を覚えたのです。

斎藤さんは建築・不動産関係の仕事をしています。設計や工事費の積算に詳しく、「管理組合も施工業者から見積もりを取りたい」とコンサルタントに伝えました。

ところが、コンサルタントは言を左右して、見積もりに必要な工事仕様書を渡そうとしません。理由を質《ただ》すと、「能力のわからない施工業者に発注したら、後々、手直しの追加工事で費用がかさみ、大変になる。われわれは設計監理者だから見積もりのヌケも見抜ける。こちらでコントロールするので、発注したい施工業者があれば教えてほしい」と返ってきました。コンサルタントが示した工事費の概算は修繕積立金の総額に等しい四億円でした。斎藤さんは、高すぎると思い、談合・リベートの臭いを嗅ぎ取りました。施工業者の選定に「待った」をかけます。

　すると、ある日、突然、管理組合宛に「内容証明郵便」が送りつけられてきました。文面には斎藤さんがコンサルタントとは別に施工業者の選定を進めようとしていることへの不満がつづられ、今後の業務を「辞退」すると一方的に記されていました。マンションの他の住民に斎藤さんの非を訴えているようにも読みとれます。「あなた、責任とれるのですか」と吊し上げられ、凄まれているように斎藤さんは感じました。

　しかし、斎藤さんは屈さず、「自分たちの財産は自分たちで守ろう」と管理組合の理事に呼びかけ、内容証明郵便による恫喝をはね返します。結局、この一級建築士事務所は業者選定や工事監理の業務を辞退し、契約を解除。管理組合は縁を切りました。

　その後、コンサルティング会社を入れ替え、管理組合主導で情報を集めて、施工業者から改めて見積もりを取ります。最終的に外壁の洗浄や塗装、防水、シーリングなどの総工事費を二億円と見積もった施工会社に発注し、大規模修繕を完遂しました。

　斎藤さんは、悪質なコンサルタントとの対決をふり返って述懐します。

「内容証明を送りつけられたときは、正直、びっくりして気分がふさぎました。うつ状態になりかけました。だけど、マンションは私たちの財産です。住民が修繕工事の業者を選ぶのは当然でしょう。住民を説得する根拠もモラルもなく、顧客の理事を内容証明で脅かすコンサルタントが存在することが信じられません。業界では名の知れた建築設計事務所ですよ。絶縁して大規模修繕がほぼ半額でできたので、修繕積立金がかなり残りました。その分、各住民が月々負担している積立金を少し減額できそうです」

管理組合が悪質コンサルタントを撃退

次の事例は南関東のマンション（三〇〇戸）での出来事です。このマンションで大規模修繕に向けた施工業者選びが本格化したのは二〇一七年の春でした。コンサルタントには大手設計事務所が入っていました。設計事務所は、資本金や営業実績などの外形基準で施工会社を十数社から六社、さらに三社へとしぼり込みます。

大手企業に勤める住民の鈴木太郎（仮名）さんが管理組合の理事長に就任したのは、その年の夏でした。鈴木さんは、かねてより「談合・リベート」の情報をメディアから得ており、施工業者選びは慎重にしたいと思っていました。

そこで鈴木さんは、ウェブサイトに「管理会社等としがらみのない工事会社が、独立して見積もりをご提出」「落札誘導は一切ありません」と明記した会社の一級建築士に連絡します。

コンサルタントに任せきりではリスクが高いと判断し、中立な建築士に「セカンドオピニオン」を求めることにしたのです。

鈴木さんが独自に動いている間に三社の施工会社から一社を選ぶ日が来ました。コンサルタントの設計事務所員が管理組合の理事を前に選考会を仕切ります。三社が提出した見積額は、三億八八〇〇万円、三億九二〇〇万円、四億一〇〇〇万円と微妙に額を変えていますが、ほぼ横並びでした。しかも仮設足場の費用はどこも総額の三割超でピタリと一致しています。

財務や仕入れの知識がある鈴木さんは、コンサルタントに不満をぶつけました。

「このままでは納得がいきません。もっと工夫した内容で見積もれるのではないですか。競争原理が働いていません。材料のグレードや工法を工夫してコストを下げても機能は落とさない、いわゆるバリューエンジニアリングの発想がない。工夫してほしい」

コンサルタントは、露骨に嫌な顔をしました。信頼できる施工業者のほうが融通はきく、そろそろ工事業者を決定しないと大規模修繕が予定どおりに進まない、と抵抗します。しかし鈴木さんは首をたてに振りませんでした。

「今日ここで、施工会社を決めるのはやめましょう。各社バリューエンジニアリングの発想に立っていただいて、再度、見積もりをお願いします」

施工会社の選定を延期しました。

並行して、鈴木さんはセカンドオピニオンを依頼した一級建築士に会い、各社が出した見積書を精査してもらいました。そうすると、「偶然」というにはあまりに不自然な、談合の痕跡と思われるミスが見つかったのです。

その典型が「警備員」の人工《にんく》の間違いです。鈴木さんのマンションは規模が大きいので、修繕工事の安全を保つために大勢の「警備員」を配置しなくてはなりません。その警備員費用の見積もりが、全社右へならえで「単価二〇〇〇円×数量一万四五〇〇人」となっていました。「単価一万四五〇〇円×数量二〇〇〇人」とすべきところを、数字を逆に記入しています。何と三社にしぼる前の六社が提示した見積書でも間違えていました。すべての会社が揃いもそろって単価と数量を逆に書くものでしょうか。

読者はお気づきでしょう。業界の裏も表も知る椰木さんが明かしたように「本命の担当者が他社の見積もりを作成」するからミスが一致した、と推し量れます。この担当者は、そそっかしくて間違いに気づかないまま業者の選定作業を進めてしまったのです。

鈴木さんの談合・リベートへの疑いは確信に変わりました。案の定、後日、三社が再提出した見積書で警備員の単価と数量が訂正されていたのは一社のみ。他の二社は当て馬だったのか、ろくに見積もりを見直しもせず、間違ったものを再提出してきました。訂正した会社が「チャンピオン（落札業者）」になるはずだったのでしょう。

二〇一八年一月、マンションは住民総会を開き、大手設計事務所との業務契約を解除しました。その後、建物の診断、調査を行うと大規模修繕を急ぐ必要はないと結論づけられました。改めて修繕委員会を立ち上げ、大規模修繕への段階を踏むと決まります。理事長の鈴木さんがしみじみと語ります。

「セカンドオピニオンの重要さを再認識しました。コンサルタントの多くは、「管理組合は素人」と上から目線で決めつけますが、大きな間違いです。それなりの規模のマンションなら建築、不動産、財務、調達と、その道のプロが大勢います。住民のプロが協働できる場さえできれば、悪質なコンサルや管理会社も恐れることはない。私たちは修繕委員会をプロの住民が連携できる場にしたいと思っています」

談合・リベートとの決別を宣言したが……

マンション住民がコンサルタントや管理会社、工事業者へ向けるまなざしは厳しくなっています。行政も業界に健全化を促し、契約履行の透明化を求める世論が高まっています。この流れを受け、談合・リベートと決別宣言をする施工会社や設計事務所も出てきました。

修繕工事大手のカシワバラ・コーポレーションもその一つです。カシワバラは、もともと石油備蓄タンクやプラント、橋梁などの特殊な塗装で実績を上げ、一九九〇年代末にマンションの改修分野に参入しました。すでに談合・リベートの因習がはびこっていたそうですが、二〇一七年ごろから「今後は一切バックマージンを払わない」と設計コンサルタントや管理会社に通知をしているそうです。

通知方法はストレートです。「営業協力費」「情報提供料」などの支払いを認めた契約書の「破棄」を相手に告知しているのです。リベートのやり取りを終わらせるには、契約の解消が早道です。契約書もなく、リベートを取れば「利益供与」の嫌疑がかかり、税務署も見逃さないでしょう。コンサルタントや管理会社は追い込まれます。

ただ、談合・リベートに染まった建築設計事務所や管理会社がすんなり応じるとは限りません。カシワバラの幹部は、こう語ります。

「契約書には解約の条件も入っています。クリーンにやりたいので解約を、と申し入れても、警戒感の強い相手は解約のサインをしたがらない。解約した書類が公になると過去の不適切行為がばれると怖れています。もはや、そういう段階ではないのですが。業界全体が襟を正さないと大変な信用失墜を招く。でも、悪習のスキームで経営が成り立っている会社も多く、業界内の反発は強い。入札条件で弊社を事実上外す動きも出ています」

マンションの修繕・改修業界は、「清」と「濁」二つの流れが入り混じり、今後、どちらに向かっていくのか、予断を許さない状況です。メディアが実情を告発すると、業界内では誰が情報を洩らしたのか、と「犯人探し」が行われます。「事情も知らずに一方的な批判をするな」「業界を混乱させるだけだ」と私は取材拒否されたこともあります。

「何でもあり」だった改修業界

それでは、国交省から業界の健全化を託されたマンション改修設計コンサルタント協会(MCA)は、どのような対策を立てているのでしょうか。コンサルタント集団の本丸は業界の健全化に向けて何を考えているのか。二〇一九年二月、MCA理事長で、翔設計社長の一級建築士・貴船美彦氏にインタビューをしました。貴船氏は、まず、コンプライアンス問題の時代的な背景を説明してくれました。

「マンションの改修コンサルタントの歴史は三〇年ぐらいで、いろんな流れがあります。古くは旧公団(現UR都市機構)系のアトリエ建築事務所が保全業務に携わり、公団の閉鎖性のなかで仕事が集中していた時代がありました。改修の技術的なスペックは、そこでかなりつくられました。建設業界で設計と施工の分離(責任の明確化)の機運が高まってくると、塗装や防水の工事会社さんが設計分野に入ってきた。管理会社さんもコンサルを押さえ、その利権のなかで大規模修繕を取ろうと切り替える。いわゆる業者系の設計コンサルが増えました。当社は、もともと新築だけを手がけていた建築設計事務所で、十七、八年前に改修に参入しました。やってみて、この分野には何の基準もないのに驚いた。新築なら建築学会や建築士事務所協会もあって指針も出され、統制も効きます。国交省の指導も、その都度出てくる。だけど、マンション改修には基準がまったくない。建築確認も必要ない。誰でも事業を始められる。そうすると何でもありなんですよ」

「何でもあり」とは、どのような状態を指すのでしょうか。貴船氏の話では大規模修繕が始まった一九八〇年代には管理組合が直接工事業者を決めていたそうです。しばらくは管理組合理事の「買収」が頻発したと貴船氏は語ります。

「かつて工事業者が管理組合に営業をかけ、札束を持って票を買いに行き、それに乗ってしまう理事会もありました。理事長さんに一〇〇〇万円持っていけば、「(工事は)おたくで」で済んだ時代もあったんです。工事業者は決裁権を持っている理事長さんを落とせばいい、と狙うのです。それで管理組合側は、（うんざりして）もう工事業者には会いたくない、コンサルタントが間に入ってくれ、となって、われわれが表に立つようになりました」

その次に「何でもあり」で起きたのがコンサルティング料のダンピング（不当廉売）合戦だと言います。

「もともとコンサルタントはそんなに力があるわけではないんです。設計と施工の分離が進んだのはいいけれど、小さな資本なので仕事ほしさにコンサル料をどんどん下げた。工事業者との癒着の根源は、じつは工事業者さん側にある。工事業者が、「おまえコンサルやって仕事取ったら、その分は補塡《ほてん》するよ」で癒着がスタートした。私どもが一〇〇〇万円でコンサル料を提示すると、二〇〇万円で入ってくる会社もある。工事業者からの補塡を前提にして、コンサル料がどんどん下がりました」

改修分野が「何でもあり」だった原因をたどっていくと、国の建築行政に行きつきます。建築政策が「新築・売り抜け」に偏り、維持管理をなおざりにしてきた経緯があります。

戦後、圧倒的な住宅不足から始まった建築政策は量的供給を最優先に高度成長期に突入しました。金融機関は「土地担保主義」で住宅ローンを消費者に提供し、新築の販売を後押し。地価と給与が右肩上がりの間は矛盾が露呈しませんでしたが、一九九〇年代のバブル経済崩壊以降、不動産・建設業界は莫大な不良資産を抱え込み、進退窮まりました。

新築分野で仕事の減った一級建築士事務所がニッチ（すき間）の改修分野にどっと流れ込んできます。しかし国の方針は相変わらず新築偏重で、マンションの修繕問題は後回しにされます。業界にルールはなく、何でもあり。

だからこそ、次の一手が重要なのです。MCAは、コンサルタント業界の健全化、金銭授受の透明化に向けてどんな策を講じようとしているのでしょうか。

「コンサルタント業務の標準化に力を入れています。管理組合と結ぶ業務委託契約書の標準型もつくっています。もともとMCA設立の動機は基準のない改修分野で技術指針や、業務の標準化をすること。そこに不適格コンサルの問題が出て、設立と重なった。誤解されやすいのですが、（国交省やメディアに）言われてつくったわけではない。コンサルタントの業務内容はマンションが複雑化し、増えています。当初、業務の標準化と適正コストの提示を目指したのですが、公正取引委員会が価格提示は違法です、と言います。それで作業ボリュームの標準化に焦点を当てています。消費者保護の観点で、（管理組合と交わす）標準契約書には癒着をガードする部分も入れています」と貴船氏は述べました。

MCAが中間報告で発表した「マンション計画修繕コンサルタント業務委託契約書（案）」に

は、「反社会的勢力の排除」とともに「利益相反の禁止」の条項があります。コンサルタントが条項に反したら「一切の支払いの拒否及び既に支払い済みの費用の全額の返還を請求」できると記されています。

国交省調査の大規模修繕「相場」は高いか、安いか

「基準」「標準」と言われて、マンション住民が真っ先に思い浮かべるのは大規模修繕工事費の適正な「相場」です。一戸当たり六〇万円で済んだところもあれば、二〇〇万円も費やしたマンションもあり、ばらばらなのです。相場が曖昧だから割高でも契約してしまう。値ごろ感のない状態が、談合・リベートの温床ともいえます。

危機感を抱いた国交省は、大規模修繕の実績が多い建築事務所や設計コンサルタントへのアンケート調査を行い、一三四社九四四事例を集計しました。二〇一八年五月、結果が発表されました。建築政策史上、初めて大規模修繕の相場らしきものが示されたのです。

この実態調査によれば、一回目の大規模修繕は築後一三～一六年前後で行われ、一戸当たりの平均額は「一〇〇万円」。二回目は築後二六～三三年前後で同「九七万九〇〇〇円」。三回目以降は築後三七～四五年前後で同「八〇万九〇〇〇円」でした。

調査結果は国交省のホームページに掲載され、「(個別の)管理組合等は、自らと同規模のマンション群のデータに基づき、これらのポイントを比較することが有効」とされています。相場の提示は管理組合の意思決定を後押ししました。

貴船氏は、しかし国交省の実態調査に疑問を投げかけます。

「あれは全国平均で、コンサル内容の標準化もないところでやっているのでピンからキリまでいろいろです。あのデータは直接工事費で、間接工事費が入っていない。一般管理費や工事事務所などの共通仮設の費用などが除外され、会社の経費も含まれていません。間接経費を入れれば一般的に二〇〜二五パーセント上がるんです。そのへんの誤解があって、こちらが出す見積もりを高いと住民の方に言われてしまう」

MCAは実態調査に関する説明会を開いてほしいと国交省に要望しましたが、実現していません。調査の相場は低すぎる、実際は二割以上高いと貴船氏は主張します。

しかし、同じ改修業界でも、正反対の意見もあります。脱リベートの実践者で、CIP社長の一級建築士・須藤桂一氏は、調査相場は高い、もっと低くできると逆の見方をしています。

「一回目の大規模修繕の平均が一〇〇万円は高すぎます。人件費が上がっていますが、外壁、防水などの原状回復だけでこれは高い。エントランスのリニューアルのような改良費は入っていません。それなのに高いのは調査したサンプルに問題があるからではないでしょうか。調査対象のほとんどがリベートを取っている状態で調べれば、当然、高くなりますね。リベートなしの工事業者の受注額はもっと安いですよ」

両者の主張の隔たりは大きく、管理組合には「目利き」が求められます。

公募「条件」による業者選定の是非を問う

談合・リベートの核心的な問題に移りましょう。すでに述べたように施工会社の公募の段階で、資本金や年商、元請け実績などの条件で業者がしぼり込まれて談合グループができる、といわれています。公募の条件付けは必要なのか否か。貴船氏は「必要」だと語ります。

「たとえば大型マンションの大規模修繕をします。五億円かかります。小さなコンサルティング会社にできるわけがない。大規模修繕では（防水工事などで）一〇年以上の瑕疵担保も求められます。必然的に工事会社は、しっかりした大企業になるんです。管理組合に工事会社を推薦するとき、われわれは必ず線を引きます。実績、決算上の売上げ、自己資本比率など、何かの基準がなければ責任が持てません。線を引くのは当然です」

実際に基準にそって施工会社が選ばれ、管理組合に推薦されています。談合もリベートもなければ、何の問題もありません。けれども、管理組合が独自に施工業者を選ぼうとすると、コンサルタントは嫌がります。管理組合の理事が直接、施工業者から見積もりを取ろうとしたら「内容証明郵便」を送りつけ、揺さぶりをかけて業務を辞退する。そのようなコンサルタントの恫喝まがいの行為は許されるのでしょうか。

「数年前に（内容証明の送付は）数件、あったように聞きます。他社さんがどうやっているか、見ているわけではないので言えません。根本的に工事業者選定は管理組合の責任です。コンサルタントはそのサポートです。ただ、七〇パーセントの管理組合が推薦業者を出してくれ、と言う。で、（推薦したら）どうやって（不適切に）選んだんだ、と。じゃあ、われわれは一切、業者選定にタッチしたくない、となる。コンサルタントが業務辞退するのは、（コンサル料を）ダンピングして（仕事を）取ったのに補塡が効かないからでしょう。管理組合がコンサルタントをクビにすればいいんです。コンサルタントの選び方で勝負はついている。（コンサルタントを）見分ける能力が必要です。これは、しっかり言っておきたい」

コンサルタントが工事業者と交わす「営業協力費」「情報提供料」などの契約について、貴船氏は、こう解説しました。

「ダンピング競争の補塡のお金を、どう動かすかのテクニックで（営業協力費などは）現れた。

もとはそこです。そうじゃない部分もあります。マンションの情報はどこにもない。さまざまな業種の会社が管理組合にかかわり、情報を取ってくる。コンプライアンス上は微妙ですが、情報を共有して(仕事が)取れたら、その分を取り返すという考えも発生する。税務署さんは建設業の紹介料を認めています。もちろん法令遵守はすべての前提。うちの協会も加盟社全部に「守る」という念書を出してもらっています」

他方、脱リベートの論客、須藤氏は、公募の条件付けや営業協力費に関して、次のように持論を展開します。

「能力の高い工事業者を推薦するのは当然です。会社の実績、売上げ、利益、社員数などは注目すべき。伸びている会社なら安定感がある。責任を持って管理組合に推すには見極めが必要です。だけど、条件に資本金を入れるのがわからない。都内で資本金一億円以上の施工会社は一二社しかありません。利権構造になっています。むしろ力のあるベンチャーが参入しやすい環境が求められる。大会社も潰れる時代です。工事後の一〇年保証は、元請けの施工会社、専門工事業者、メーカーの「三者連盟」でつければいい。元請けが潰れても、メーカーや専門業者の保証があれば安心できる。営業協力費や情報提供料名目のリベートは、どんな理屈をつけても、お金を出す住民が知らないのだから騙していますよ」

「何でもあり」で膨張したマンション改修業界は、混沌としています。

国交省は、大規模修繕工事の相場を公表した後は積極的に動いていません。「清」か「濁」か、流れを決めるのは業界の自浄作用だけでなく、マンションで暮らす住民、一人ひとりの意識と行動にかかっています。お金を払う側が変われば、市場のプレーヤーも変わります。

大規模修繕を介して管理組合が変身したケースをご紹介しましょう。コンサルタントを使わず、自力で三度目の大規模修繕を完遂したのです。

目覚めた管理組合、「現地調査」と「質疑」で業者を選ぶ

大阪府枚方《ひらかた》市、淀川の河川敷の近くに「労住まきのハイツ」の四棟が並んでいます。竣工は一九七五年、戸数三八〇戸と聞けば、多くの読者は「二つの老い」に苦しむ団地を想像するかもしれません。じつは、入居開始から二十数年間は、ここもすべて管理会社に任せきりで、住民総会すら開かれず、荒んだ状態が続いていました。

初回の大規模修繕は、いつ、どのように行ったのか記した文書もなく、管理会社が派遣した管理人が資金を恣意的に使っていました。荒廃ぶりが表面化したのは一九九八年。管理会社が住民の代議員に二回目の大規模修繕を提案したときです。

「修繕積立金が不足しているので、四棟のうち一号棟だけ大規模修繕を行う」と管理会社は無茶苦茶なプランを出してきました。先を見越した長期修繕計画はなく、とりあえず貯まっている積立金の分だけの工事を行うというのです。

住民は驚き、呆れました。もっと早く気がついていれば、と悔しがります。

この局面で、定年退職して人生の第二ステージを団地に移した住民が奮起しました。翌年、管理組合を立て直すためにNPO法人京滋管対協に加盟し、管理規約、資金計画、長期修繕計画、委託管理業務について学びます。

少しずつ知識がつくと、「維持管理はおもしろい」と住民は感じ始めました。一九九九年に長期修繕委員会を発足させ、京滋管対協のサポートを得て、二度目の大規模修繕へとステップを踏んでいきます。見積要項書と工事仕様書は、専門家のレクチャーを受けながらじつに一七回の作成会議を経て、修繕委員を中心に住民がこしらえます。

「このマンションを一〇〇年もたせる」をスローガンに掲げ、住民が覚醒しました。

そして、いよいよ工事仕様書に基づく施工会社選びを迎えます。相見積もりを取って施工会社を選びます。八社が応募し、四社にしぼり込むのですが、資本金や年商で選ぼうとはしませんでした。重視したのは「現地調査」と「質疑」です。

住民が各施工会社の大規模修繕の現場に足を運んで、その方法を聞き取ります。見積もりを比較検討し、訊ねたい内容を文書で各社に送り、回答を受け取る。これを徹底して四社を選びました。

さらに四社それぞれに「推奨物件」を出してもらい、またしても現地見学に行きます。自慢の物件がどの程度のものか五感で受けとめ、口角泡を飛ばして議論し、三社にしぼりました。最後に三社のヒアリングをして施工会社を決定したのです。

現地調査は施工会社の選定にとどまりません。外壁補修に使う塗料のメーカーや、防水メーカーを選ぶ際にも、複数の会社の現場で説明を受けています。防水メーカーに至っては建物の一部で「試験施工」を求め、選びました。営業トークより証拠を重んじたのです。

こうして二〇〇二年、二回目の大規模修繕を終えました。

私が初めて「労住まきのハイツ」を訪ねたのは二〇〇四年秋でした。建物が真新しい輝きを放っていたこともさりながら、人と人が「お互いさま」で支え合うしくみが機能しているのに驚きました。住民約七〇人が「かけはし」という団体をつくり、高齢者の生活支援をしていたのです。一回一律三〇〇円で、網戸の張り替えから包丁研ぎに洋服の寸法直し、水道パッキン交換、美容カット、買い物……と、かゆいところに手が届くサービスを提供し合っていました。

団地内の公園の藤棚の下では毎週、モーニング・カフェが開かれ、誰でも利用できます。

管理組合の元理事長で、「かけはし」のリーダー、立石裕稔さんは言いました。

「ある日、突然、手に力が入らなくなってビンの蓋が開けられない。階段が昇れなくなる。じわじわ弱って、いきなり一線を越える。それがいつかはわからない。辛いけど、高齢化の現実です。だから困っていることがあったら、いつでも、何でも言ってきてよ、とスタートしました。いずれ、僕らもサポートを受けるかもしれませんしね。人と人のつながりを保つには出会いが大切です。藤棚のカフェに初めて来た人には、すぐ声をかけます。仲間を増やしたいからね。現役時代の話は根掘り葉掘り聞きません。そこがコツです。会社の肩書は過去のもの、いま、ここでの出会いから支え合いが始まります」

元銀行員の木村亮平さんは、管理費の帳簿を洗い出し、「財政再建」の道筋をつけました。

「調べたら経費の水増し、不適切な支出、いろいろ見つかりましてね。管理人は交代してもらいました。とにかく修繕積立金が足りなかった。長年見直していなかった駐車場代を値上げして、積立金に回しました。みんなで大規模修繕をやってみて、日ごろの定期点検の大切さを思い知りました。ふだん自分らで建物をみて、ひび割れとか、不具合を見つけたら、その都度直すよう心がけています。その分、長持ちして、お金もかからない。管理会社に言われるまま

十二、三年で大規模修繕する必要はないんです。もっと間をあけられる。これが肝心です。間隔があけば、積立金も貯まる。記録簿は修繕の項目別に作り直しました。理事が代わっても、いつ、どんな修繕にいくらかけたか、一目瞭然です。修繕履歴は次の世代に渡すバトンですな」

と、木村さんはふり返りました。

結局は「人」、現場代理人がキーパーソン

大規模修繕の周期を「一二年」と思い込んでいる管理組合は少なくありません。二〇〇八年に国交省が「長期修繕計画標準様式」の別添記載例で「大規模修繕（周期一二年程度）」と書いたために一二年説が流布したといわれますが、実態調査でも明らかなように実際は一五年、あるいはそれ以上、間隔をあけているマンションが多数です。

労住まきのハイツの住民は、二回目の大規模修繕で「やればできる」と自信をつけました。その後、各戸の電気容量を四キロワットから六キロワットに上げる設備改修に挑みます。現場調査で配電盤工場も視察しました。さらに老朽化した給水・雑排水竪管の改修、高架水槽を解体・撤去して加圧給水ポンプに切り替える。エレベーターのリニューアルと防犯カメラの設置、耐震診断と耐震補強工事、サッシの省エネ複層ガラスへの取り換え、と矢継ぎ早に改修を重ね

ていきます。敷地内の公園の横には良質の木材をふんだんに使った平屋建築の集会所「集い」を建てました。木のぬくもりに包まれて、さまざまなイベントが開かれます。これらの事業は、すべて住民主体で計画を練り、資金計画を立てて実行したのです。

折に触れて団地を訪問するたびに「資産価値が上がっているなぁ」と私は感じました。多くの人は、資産価値といえば中古物件の取引価格（交換価値）を連想しがちですが、モノには有用な「使用価値」が備わっています。団地の使用価値は改修を重ねて確実に上がりました。価格だけでは測れない資産価値を労住まきのハイツは享受しています。

そして、二〇一八年一月下旬、コンサルタントを入れず、住民が施工会社を選んで三回目の大規模修繕を成し遂げました。コンサルタント不要の選択をしたのです。

くり返しますが、大規模修繕の発注方式は、一級建築士のコンサルタントを使う「設計監理」、施工会社に調査診断から設計、工事まで任せる「責任施工」、コンストラクション・マネージャーが管理組合を補助して工事業者に分離発注をする「コンストラクション・マネジメント（CM）」に大別できます。それぞれ一長一短がありますが、労住まきのハイツの三度目の大規模修繕は、責任施工で実施しました。三社の施工会社から相見積もりを取り、二回目の大規模修繕を請け負った工事会社をもう一度選んでいます。

それにしてもコンサルタント抜きで不安を感じなかったのでしょうか。

修繕委員長の尾崎孝光さんが答えます。

「毎年二回、われわれ住民は自主的に建物を点検しています。外壁や鉄部、防水がどんな状態か、デザイン的に直したいのはどこか、パッと入ってきたコンサルタントより住民のほうがよくわかっているんです。それに二回目の大規模修繕、その後の修繕履歴も残っています。三度目の見積もりの項目は、過去の記録を踏襲しました。その後の技術的な進歩で工夫できる点があれば提案してくれと、施工会社に言って、見積もってもらった。わざわざ一級建築士の先生に頼むまでもない、費用も節減できる、と判断したんです」

とはいえ、一切合切を施工会社に任せるのもリスクがあるのでは？

「三回目の大規模修繕は、外壁補修、鉄部塗装、廊下とベランダの補修や防水、雨どいの交換などで屋上防水は時期をずらし、含めませんでした。やることは決まっています。もちろん施工会社との信頼関係が前提ですが、こちらが心配したのは工事の質です。ちゃんと工事が行われているか厳しくチェックしながら進めてほしい。それで、施工会社には、信用できる、しっかりした現場代理人を派遣してくれ、と頼みました。現場代理人の力量が工事を左右します。そのうえで、一級建築士を監理につけるよう要求したんです。忙しい現場代理人を一級建築士がカバーする。この二人体制で完工させました」

工事費総額は二億四〇〇〇万円、一戸当たり六三万円で収まっています。補修材料をグレードアップしたので、次の大規模修繕までに少なくとも一五年、もしくは二〇年の間隔があくと予想されています。管理組合が自立して事業を進める秘訣を問うと、尾崎さんはこう語りました。

「あれこれ言っても、結局は、「人」なんです。外部の誰、業者の誰とつき合うかで成否は決まります。口はばったいけど、うちは業者を育てるぐらいの気持ちでつき合ってきました。住民のつながりも含めて「人」が団地を支えています」

維持管理のノウハウやテクニックをいくら吸収しても、実践するには人です。言葉で表現しにくい、人と人の関係性こそ、マンションの未来を決める大切な資産といえるでしょう。

第３章
欠陥マンション建て替えの功罪

傾きが見つかったマンション（横浜市都筑区，2015 年 10 月 22 日，写真提供・朝日新聞社）

建物の不具合が法的な「瑕疵」か見極める

マンションの欠陥問題は、古くて新しいテーマです。

一九八〇年代、維持管理に光が当たった背景にも欠陥問題がありました。七〇年代の第一次石油ショック直後の建築資材の高騰、品不足のなかで建設されたマンションの構造上の欠陥が露呈していたのです。住宅の欠陥は、ときには生活を崩壊させます。

ほとんどのマンションは、事業者がプランをつくって広告を打ち、モデルハウスを設けて「青田売り」されます。消費者が買うのは建設中のマンションです。入居して不具合に気づくのは日常茶飯です。不具合が、建物を使っているうちに生じた摩耗や劣化ではなく、欠陥、つまり法的な「瑕疵」なのかどうかを見極めなくてはなりません。

不具合は二つの観点からチェックされます。まず建物が契約書どおりにできているかどうか。もう一つは「生命や健康、財産を守る」ための必要最低限の基準を定めた建築基準法をはじめとする法規に適っているかどうか、です。これらから外れていたら法律でいう瑕疵に当たり、販売主は補償しなくてはなりません。

一方で、行政には、あらかじめ建物が法規に適っているか審査するしくみがあります。「建築確認制度」です。自治体の建築主事、もしくは民間の指定確認検査機関の資格者は、建築主(ディベロッパー)の「建築確認申請」を受け、設計図書の法適合性を審査するのです。問題がなければ「確認済証」を交付し、着工の運び となります。

また、一定規模(たとえば高さ一三メートル)以上のマンションは、定められた資格を有する工事監理者(建築士)を置かなくては着工できません。監理者は建築主の代理として、工事が設計どおりに進んでいるか、手抜きや欠陥がないか、吟味して是正させます。工事中も建築確認の中間検査、完了検査が行われ、「検査済証」が交付されて建物は使えるようになるのです。

建築確認制度は、確認前の着工を禁じているので事実上は建築許可と同じような効力を備えています。

とはいえ、建築確認が下りても、設計や工事に不備があれば、後々、さまざまな不具合が生じます。マンションの管理組合は、不具合が瑕疵なのか確かめ、瑕疵なら一つずつ補修をしていくことになります。欠陥への対応は、新築、あるいは修繕された時期の「負のタイムカプセル」を開けて、設計や施工、建築確認の記録に当たって事実を掘り起こす、地道な確定作業を伴います。そのような対処が方々のマンションで日常的に行われているのです。

ところが、近年、そのプロセスがディベロッパーの都合で伸びたり縮んだり、短絡されたり、と不思議な現象が起きています。現実に販売主の資本力で瑕疵の補償に大きな差がつき、マンション全般のブランドによる序列化が進みそうな風潮が生まれているのです。

横浜の傾斜マンション、報道で三井不動産が態度一変

きっかけは「報道」でした。話は二〇一五年一〇月にさかのぼります。

全四棟、七〇五世帯、約二三〇〇人が生活する「パークシティLaLa横浜」の管理組合と、販売主の「三井不動産レジデンシャル」は、連日、建物の欠陥をめぐって火花を散らしていました。メディアには伏せて、住民説明会が連続して開かれていたのです。

そのさなかの一〇月一四日、日本経済新聞が管理組合と販売主の緊張状態を揺さぶる一撃を放ちました。朝刊で「虚偽データで基礎工事　横浜、大型マンション傾く　三井不系が販売」と見出しを打ち、すっぱ抜いたのです。

「三井不動産グループが二〇〇六年に販売を始めた横浜市都筑区の大型マンションで、施工会社の三井住友建設側が基礎工事の際に地盤調査を一部で実施せず、虚偽データに基づいて工事をしていたことが一三日分かった。複数の杭《くい》が強固な地盤に届いておらず、建物が傾く事態

となっている」

四棟のうち西側の一棟が「建物の全長五六メートルに対し、両端で最大二・四センチの差が生じている」と記事は伝えます。この傾きが瑕疵かどうかの判断はしていません。

住民の指摘で三井不動産レジデンシャルと、施工主の三井住友建設が調査し、「傾いたマンションの計五二本の杭のうち二八本の調査を終えた時点で、六本の杭が地盤の強固な「支持層」に到達しておらず、二本も打ち込まれた長さが不十分」「両社が施工記録を点検したところ、問題の八本の杭の全てで(地盤の)調査が行われず、虚偽データが使われていたことが分かった」と記事は続きます。

建物の傾斜、杭の地盤への未到達、基礎工事データの改竄《かいざん》という重大な事実が、一挙に公にされたのです。それぞれの因果関係はまったく不明なのですが、LaLa 横浜には「傾斜マンション」のイメージが植えつけられました。

一年以上も、この問題で三井側と交渉をしてきた管理組合の理事は愕然としました。住民たちは「風評被害が起きて資産価値はガタ落ちする」と嘆きます。

他紙や電波メディアが後追いで報じると、翌一五日、三井不動産レジデンシャルの藤林清隆社長がマンションを訪れました。そして、それまでの三井側の態度を一変させ、

「全棟建て替えを基本的枠組みとし、取り組ませていただく」と、発言したのです。管理組合にとっては青天の霹靂でした。理事の一人で修繕委員長を務めた太田哲次さんは、こう語ります。

「販売主の態度がガラリと変わりました。ずっと建物を補修、補強して初期性能に戻せば、大丈夫、資産価値の下落もありません、補償はなしです、と向こうは説明していました。それがマスコミに出たとたん、全棟建て替え、と。われわれが言いだしたわけではないんです」

三井側は建て替えを確約したわけではなく、一つの方法を提示したにすぎなかったのです。瑕疵の原因や危険度が究明され、対策が練られる前に三井側は建て替えという「出口」を示しました。「さすが三井」と称えるメディアもありましたが、実情は少々違っていました。

藤林社長が現地で初めて開いた住民説明会では、住民が「補強や補修はないか？」と聞くと、三井側はこう答えています。

「全棟建て替えは大きな枠組みで、一番大きな変化の状態で、そのなかで補修や部分的な建て替えもあるのではないかと思う。補強についてもご提示して、皆さんの選択肢になる」

建替え決議には区分所有者と議決権、それぞれ「五分の四以上」の賛成が必要です。

それまで三井側と交渉していた太田さんは、「あなたたち、五分の四以上の票を集められるのですか」と迫られたように受けとめました。間もなく、三井不動産レジデンシャルは住民に次の四つの選択肢を提示します。

① 全棟建て替え
② 杭と建物の補修
③ 杭不良の西棟だけ建て替え
④ 新築相当額での住戸買い取り

通常、建物で不具合が見つかると、瑕疵の有無、瑕疵があれば補修で安全性を回復できるか否かを検討します。新築の「一〇年瑕疵担保責任」も、この考え方に基づいています。欠陥住宅紛争の判例では、補修で安全性を回復できない場合に建て替えを検討するとされています。このプロセスを三井は一気に飛びこえ、選択肢を差し出したのです。

住民は、いきなり意思決定を求められ、驚きました。建て替えや補修を選ぶには、話し合って合意を図らなくてはなりません。そのためには、どのぐらい危険かという判断の根拠が必要です。地中の基礎杭の状態を調べ、「負のタイムカプセル」を開いて設計や施工、建築確認の記録を洗って危険度を測らねばならないのです。

管理組合は、限られた時間内に手続きを踏んで「前へ」進む合意形成と、過去の設計や工事の精査による危険度の確定という二方向の重圧にさらされます。全棟建て替えという「出口」が示されたので、後ろ向きの危険度の解明は置き去りにされかねません。根拠はほしいけれど、調べるには時間も費用もかかる。早く前に進まなければ、いつ大きな地震が起きて被害が生じるかわからない、といったディレンマに陥りました。

傾斜マンションの欠陥紛争は特殊な例とはいえません。どこで似た現象が起きてもおかしくはないのです。住民たちは三井不動産グループとどのように渡り合い、意思決定をして全棟建替え決議へと進んでいったのか。後世に向けて市井の交渉史を検証しておきましょう。

発覚までの管理組合と三井の紆余曲折

話をさかのぼっていくと、事態が急転する欠陥報道までに紆余曲折がありました。

発端は東日本大震災後の小さな違和感でした。

建設会社の非技術系社員だった太田さんは、大震災の直後、マンションに入っている三井系管理会社の維持管理業務に疑問を抱きます。棟と棟をつなぐエキスパンションジョイント(伸縮継ぎ手）という金属部材が壊れたままでした。横浜市都筑区の震度は五弱。メーカーに電話をして確かめると近隣のマンションでは、ほとんど壊れていませんでした。

管理会社は、一〇〇〇万円以上の費用を管理組合に請求してジョイントを補修します。太田さんはアフターサービスの範囲内と感じ、腑に落ちませんでした（杭の施工不良発覚後、補修費は管理組合に返金）。修繕積立金も不足がちで、管理会社の変更を考え始めます。

二〇一四年九月、太田さんが管理会社との業務委託契約の見直しを視野に入れ、建物の点検をしていると、ジョイントの金物のズレと手すりの段差を見つけました。

「あ、これは三ツ沢のケースと同じだ」と直感します。

じつは、その数カ月前、住友不動産が分譲し、熊谷組が設計、施工をした「パークスクエア三ツ沢公園」（五棟・二六二戸・二〇〇三年竣工）で、一棟が傾き、基礎杭が地盤に届いていない瑕疵が発覚していたのです。三ツ沢でも棟と棟をつなぐ渡り廊下の手すりが一〇センチ程度ずれており、不審に思った管理組合がボーリング（地盤の掘削）調査をして、杭の支持層への未到達の疑いが浮上。住友不動産と熊谷組もボーリング調査を行い、瑕疵を認めました。住友不動産は、傾いた一棟の建て替えと、他棟の地盤改良工事による補修、販売時価格での住戸買い取りを住民に提示していました。

同じ現象が起きていると太田さんは感じ、三井側に調査を要求します。当初、管理会社は「問題ありません。東日本大震災の影響でしょう」の一点張りで、取り合おうとしませんでした。業務委託契約の見直しが効いたのか、一五年二月、三井側は建物の傾き調査を行います。六月にはボーリング調査を実施しました。

不可解なのは、その情報開示の仕方です。管理組合が杭の施工記録を見せるよう再三要求したのですが、三井側は言葉を濁します。杭が地盤に届いていない事実をなかなか認めませんでした。管理組合は、困って建築確認を下ろした横浜市に相談をします。八月二〇日、横浜市の担当職員が現場に来ました。

翌二一日、三井不動産レジデンシャルと、建設工事の元請けの三井住友建設の社員が、施工記録を携えてマンションを訪ねてきます。意外な大人数でした。「顔面蒼白で、血の気が失せた顔つき」の人たちも一緒です。杭工事の一次下請けの日立ハイテクノロジーズと、二次下請けで現場の施工をした旭化成建材の社員でした。

閲覧した施工記録の杭データには部分的な手書きや、同じ波形のものが並び、不自然さが漂っていました。管理組合理事とアドバイザーの一級建築士が「これはどういうことですか」と質問します。三井住友建設の担当者の答えは要領を得ませんでした。

「基礎杭が地盤に到達している根拠はありますか」と理事が聞くと、「自動車の坂道発進のペダルのような感覚でして……」と的の外れた話をします。「あなたの説明では理解できない。せっかく、杭の専門家がいるのだから、この人たちに訊ねたい」と突っ込むと、「技術的なことはすべてこちらで答えます」と三井住友建設が立ちはだかるかのように質問を遮ります。結局、杭の欠陥は確認できませんでした。何をしに来たのかと理事たちは顔を見合わせました。

九月一三日、三井不動産レジデンシャルは、ようやく理事会に支持層への杭の未到達を報告しました。二九日には杭の未到達の説明文書が全戸に配られます。

マンションは上を下への大騒ぎとなりました。理事会では杭の施工不良をメディアに知らせるかどうかで激論が展開されました。

「何の方針も決まっていないのに報じられたら風評被害で資産価値が落ちて、大ごとになる。記者やカメラマンにうろつかれたら迷惑です」

「このまま三井と対峙しても相手のペースで進むだけ。マスコミを味方につけたほうがいい。火のないところに煙が立つのが風評被害。杭の瑕疵、施工不良の事実があるのだから、風評でも何でもない。公表して、世論を味方につけたほうが三井に対抗できます」

「勇ましいことを言うけど、風評被害で中古の販売価格が下がったら弁済してくれますか」

非公表の意見が理事会の大勢を占めます。マンションには日経新聞の関係者が入居していました。毎日新聞の記者の親族も住んでいます。管理組合と深く接触したのは毎日のほうでした。毎日新聞は管理組合の申し入れに配慮し、記事化のタイミングを計っていたようです。

一〇月に入り、事態は風雲急を告げます。三井側の主催で九日から一週間、計一二回の住民説明会の開催が決まりました。それに先立って、六日の夜、三井系管理会社が説明会の開催通知を全戸に投函します。そこには目を疑うような文言が入っていました。

「施工記録の一部に不適切な転用や加筆」と記されていたのです。

データ改竄の事実は、わずか数時間前にメールで管理組合に知らされたばかりでした。杭の未到達を認めるのに一年ちかく時間をかけながら、下請けに責任を被せられるデータ改竄については管理組合内のコンセンサスがとれないうちに全住民に文書で通知する。二〇人の理事は三井側の情報操作ではないか、と憤りました。

販売主と施工元への不信感が募る九日、最初の住民説明会が開かれました。三井の説明チームに役員は同行していません。社員が「補償は不具合のある杭の補修にとどまります。初期性能に戻せば、資産価値の下落はない。補修で十分に対応できます」とくり返します。

住民の怒声が響きました。

「補修で大丈夫だというなら、あなたがここに住んでみろ。事故車を買えるのか」

「データ改竄云々は、そちらの内輪の話。われわれは販売主からマンションを買ったのだ。販売主が本気で責任をとらなければならない」

「軽い地震が起きるたび、ミシミシと嫌な音がする。こっちは被害者だ」

一〇日、一一日、一二日、一三日と「補修」の提案が続きます。では、どう補修するのか、と問うと「技術的に可能」と返ってきますが、具体像が浮かびません。住民はフラストレーションを溜めました。日を重ねるごとに三井と管理組合の緊張は高まります。そうした状況で、日経新聞の第一報で口火が切られ、メディアの続報で三井側は態度を一変させたのです。だしぬけに「全棟建て替えを基本的枠組み」とする選択肢が提示されたのでした。

住民が一つになれるのは全棟建て替え

日経新聞の第一報の直後、私は、建築構造学者で東京大学名誉教授・神田順氏に「傾いた棟の安全性」を訊ねました。問題の西棟は、全長五六メートルで二・四センチ、約二三三〇分の一傾いた状態になっています。どの程度危険なのでしょうか。

「この傾きだけで安全性が損なわれたとは言えません。危険度は、一千分の一の傾きが一応の目安で、それをこえて建物が部分的に沈むと「不動沈下」とみなされ、壁や梁にひびが入ったりして、不具合が出てきます。二三三〇分の一の傾きだけならば、機能的な問題は感じないのでは？　実際に計測すれば詳しくわかるので、構造計算をやり直し、安全性が保たれているか客観的に確認することが最低限必要です。杭が支持層に届いていないというだけで、ただちに取り壊すのは、住民の方々にとっても、社会的にも多大な損失でしょう」

と、神田氏は語りました。通常、このぐらいの傾きでは住民が損害賠償を請求しても認められません。工事の精密な調査は必須でしょう。

報道先行でしたが、少しずつ事情がわかってきました。

ふつう基礎の杭は設計図に沿って打設されます。受注した杭業者はデータをもとに杭を製造し、現場で掘削機を使って地面に穴を開けて、支持層への到達を確認しながら打ち込みます。

LaLa横浜では、施工主の三井住友建設が、杭を設計し、施工の管理も行いました。三井住友建設は未到達の八本の杭の近くの支持層までの深さを一四メートルと試算して、日立ハイテク経由で二次下請けの旭化成建材に工事を発注しています。

ところが、実際の支持層は深さ一六メートル付近にありました。旭化成建材の関係者は、メディアの取材に「設計どおりに杭を打った。設計図に問題があるのでは」と発言しました。これに対し、三井住友建設の幹部は「工事中に長さが足りないと気づけば、工事業者が申し出て(杭を継ぎ足すような)対策を立てるのが腕の見せどころ。旭化成建材に裏切られた」と下請け批判で応じます。互いに相手に非をなすりつけ、「データ改竄」も加わって混乱します。軽微な傾きと、杭の未到達、データ改竄の脈絡はつきません。

情報が錯綜するなか、三井不動産レジデンシャルは全棟建て替えを掲げました。建て替え工事や住民の仮住まい、引っ越しにかかる費用と一世帯三〇〇万円の慰謝料を払う、と明言します。総額は四五〇億円を超えます。そして、販売主の全額負担ではなく、元施工の三井住友建設、下請けの日立ハイテク、旭化成建材にも責任があるのだから求償する、と方針を示しました。全棟建て替えには応じるが、費用は下請けに負担させる考えです。

三井はブランドを守るために、このような判断をしたのでしょうか。欠陥住宅問題に詳しい吉岡和弘弁護士は建築専門誌のインタビューで、次のように述べています。

「瑕疵の有無を訴訟で争う選択肢もあった。それにもかかわらず全棟建て替えを提案したのは、取り壊して建て替える必要のある瑕疵が全棟にあることを、三井不動産や三井不レジがあらかじめ知っていたからだろう。そうでなければ、あのような提案をするわけがない」(『日経アーキテクチュア』二〇一六年五月二六日号)

管理組合は、四つの選択肢――①全棟建て替え、②杭と建物の補修、③杭不良の西棟だけ建て替え、④新築相当額での住戸買い取り――を前に苦悩します。現実的には③は困難でした。というのも、建物は四棟ありますが、それぞれがエキスパンションジョイントで接合され、登記や管理規約上はまとめて「一棟」とされています。西棟だけを建て替えるにも他の三棟の区分所有者の賛同が必要です。そもそも区分所有法は、複数の建物がつながった一部分の建て替えを想定しておらず、規定がこみ入っていて事実上の全員合意が求められます。

四棟のうち不具合のない棟もあります。「このまま住めるのにどうして建て替えに巻き込まれるのか」「一棟だけ建て替えたら格差ができる」と反発が起きました。民意が分断されれば、合意は遠ざかります。③の実現性は乏しかったのです。

住民は悩みました。工事期間だけで三年、プラス住民総会での建替え決議や仮住居の選定、引っ越しで数年の歳月がかかる全棟建て替えか、現実味の薄い一棟建て替えか、健全な三棟の生活を維持しながらの補修か、はたまた時価より高い新築相当額で住戸を三井に売って出ていくか……。誰もすき好んで建て替えたくはない。平穏に住み続けたいのです。

売却には不穏な影がつきまといます。その戸数が増えるほど三井は所有物件を積み上げ、議決権を多く手にします。一〇戸、二〇戸と増えれば「数の力」を発揮できるのです。住民総会の決議の土壇場で、三井はどんな投票行動をとるのか。万一、建て替えに賛同をしなかったら……。理事たちは覚悟を決めます。

「時間をかければかけるほど不利になる。住民が一つにまとまれるのは全棟建て替えしかない。建替え決議まで半年、再建工事、引っ越しを含めて五年。みんなで二〇二〇年の東京五輪を新しいマンションで楽しもう」と目標を立てたのです。

飛び火する杭未達問題

管理組合は住民に四つの選択肢のどれを希望しているかアンケート調査をしました。全七〇五戸の約九割が回答を寄せました。そのうち全棟建て替えが四七六戸(六七・五パーセント)、転出は六三戸(八・九パーセント)、一部建て替え五九戸(八・四パーセント)、補修一九戸(二・七パーセント)。全棟建て替えは、必要な八割を割り込んでいます。

補修支持が少ないのは工法への不安が拭えなかったからです。太田さんが証言します。

「理事会のスタンスは、一番希望の多い方向で、一〇〇パーセント合意へ突っ走ろうでした。補修には根強い不満があった。三井住友建設の担当者が大規模補修で直せると言うから、案を出してくれ、と再三再四、要求しました。だけど具体案があやふや。沈んだ部分を持ち上げて、ジャッキアップして免震構造にすると言う。その案を第三者機関の建築研究振興協会に示した。補修実績はあるのかと聞くと、阪神・淡路大震災後の神戸で六階建てを一棟、そうしたと言うんです。神戸の現地、現物を見せてほしい、確かめたいと依頼すると、「見せられない。オーナーが見せたくないと言っている」と。本当にできるのか不安でした」

LaLa横浜の建て替え論議は、先行していたパークスクエア三ツ沢公園にも影響を及ぼします。三ツ沢は、住友不動産と熊谷組が杭不良の一棟を建て替え、他棟は補修する方向で進んでいました。しかし、LaLa横浜で全棟建て替えが浮上すると、「なぜ、うちは一棟だけの建て替えなのか」と不満が噴き出します。

三ツ沢の関係者は、私の取材にこう答えました。

「一棟だけの建て替えは、修繕積立金の使い方などで混乱が生じます。全棟建て替えが平等でいいのですが、住友不動産は販売時価格で住戸の二割を住民から買い取ったとも言われています。住友が賛成しない限り、五分の四の建替え決議は難しいでしょう」

こちらも五分の四決議をめぐる数のさや当てが起きていました。三ツ沢の住民と販売主、施工主は対立し、建替え決議は大幅に遅れることとなります。

二〇一五年一二月、LaLa横浜では管理組合主催の住民説明会が開かれました。自分たちが置かれた状況を、日経アーキテクチュア元編集長で建築・住宅ジャーナリストの細野透氏や、弁護士を招いて客観的にとらえるのが目的でした。建築の技術や法務、税務など多様な視点で四つの選択肢が解説されます。これが転機となり、全棟建て替えの気運が高まりました。

ふたたび住民にアンケートを取ると、回答した六八五戸のうち、六二八戸が全棟建て替えを希望しました。九割ちかい賛同率です。次の住民総会が決議の山場になりそうでした。

ずさんな建築確認、工法と地層のミスマッチ

管理組合が合意形成へのステップを上がった一方で、社会的関心は杭の施工不良の実態解明、危険度の判定に集まっていました。建築・住宅ジャーナリストの細野透氏が三井の全棟建て替え表明の裏に斬り込みます。管理組合が集めた工事関係文書を調べた細野氏は、驚くべき事実を発見します。二〇一六年一月二六日、日経BP社のウェブサイトに「三井不動産が傾斜マンションで「脱法行為」、確認機関二社が便宜供与の疑い」と題した記事を載せました。業界の常識を超えた全棟建て替えの秘密を解く鍵は「地盤」にあり、「建築確認」が脱法の舞台だったと暴露したのです。

建築基準法は、建築確認の手順を左記のように定めています。

一　建築主（事業主）は確認申請に必要な書類一式を準備する。そこには地盤の強さ、杭の支持力などを調べる載荷試験の報告書も含まれる。
二　建築主は必要な書類をそろえ、建築確認を申請する。
三　法令に適合しているか審査が行われ、合格すれば「確認済証」が交付される。
四　確認済証の交付後、着工。杭工事を開始する。

ところが、細野氏の記事によれば、この順番があべこべだったのです。

「建築基準法の根幹を揺るがすような、大胆な「脱法行為」をしていた事実が明らかになりました。建築確認の申請に必須とされる「杭の載荷試験報告書」を提出しないで、確認検査機関の日本ＥＲＩから「確認済証」を取得していたのです」（前同）

と、細野氏は記しています。

事業主の三井不動産横浜支店が LaLa 横浜の開発を本格化させたのは二〇〇五年でした。当時、三井不動産グループの住宅分譲会社、三井不動産レジデンシャルはまだ設立されておらず（二〇〇六年一〇月営業開始）、事業主は三井不動産でした。

時系列で事実関係を整理し、「負のタイムカプセル」を開いてみましょう。

二〇〇五年一一月二八日　日本ＥＲＩが確認済証を事業主に公布。

　　　　一二月　九日　LaLa横浜で「杭工事」開始。

二〇〇六年　一月二六日　杭の載荷試験を行う(確認済証公布から二カ月後に試験！)。

　　　　三月　七日　(三井不動産が日本ＥＲＩから切り替えた建築確認機関)ハウスプラス住宅保証が確認済証を事業主に公布。

　　　　三月一〇日　杭工事を完了。

　　　　三月二三日　「杭の載荷試験報告書」がハウスプラスに提出される(杭工事が終わった後に工事の前提となる報告書が出されている！)。

　　　　六月　LaLa横浜の分譲開始。

二〇〇七年一二月　LaLa横浜が竣工。〇八年二月ごろから入居。

着工に必要な確認済証が、杭の載荷試験が行われる前に出されているのです。日本ＥＲＩは法律を無視したのでしょうか。載荷試験は大幅に遅れて実施され、杭工事が終わってから報告書が提出されています。信じ難い後づけです。

二〇〇五〜〇六年にかけて、不動産・建設業界は姉歯秀次《ひでつぐ》元一級建築士による「耐震偽装事件」で揺れていました。設計図面の重要さが声高に叫ばれ、耐震偽装を見抜けなかった日本ERIは批判を浴びています。

そのような時期に、どうして順逆を誤った建築確認を行ったのでしょうか。

細野氏は、旭化成建材のダイナウィング工法という杭打ち技術と、横浜地方の「土丹」と呼ばれる砂質粘土が堆積して固まった地層の組み合わせの難しさを指摘しています。

当時、旭化成建材がダイナウィング工法を土丹層に適用したのは、三〇四〇件の杭打ち実績のなかでLaLa横浜一件のみ。専門書には土丹層にダイナウィングを適用するのは困難と書かれていました。加えて横浜の土丹層の支持層は波を打った「不陸」状態（水平ではなくデコボコ）で深さがまちまちです。

こうした悪条件の下で杭の載荷試験を行ったところ、予想外の結果が出て、三井側はすぐに報告書をまとめられなかったのではないか、と細野氏は推察しています。

「（試験の実施から報告書提出まで二カ月もかかった）その理由は載荷試験で予想外の出来事が発生したからです。事前の計画では、「一〇〇の力」に耐えられるはずだったのに、実際には

「七五の力」で杭が破壊してしまいました。（略）困ってしまった四社（三井住友建設、日立ハイテク、旭化成建材、システム計測）は、新たにアプライドサーチ《（ママ）》に理論的な分析を依頼。同社は報告書を二月二五日に提出しています」（同前）

その報告書から導かれた推論は、地中の堅い障害物に杭がぶつかって破壊されたというものでした。工法と地層のミスマッチに加えて地中には過去に建っていた工場の既存杭の残骸があったとしています。

旭化成建材は三人の弁護士を中心とする「外部調査委員会」に杭工事のデータ流用の調査を依頼しました。その外部調査委員会の「中間報告」に興味深い記述があります。

現場で杭の施工をしたオペレーターの供述をこう紹介しているのです。

「横浜市という支持層の不陸の大きい地域であったことや、杭の打設場所によって杭長が異なるなど、本件敷地内でも支持層の不陸が大きいものと想定された割には、ボーリング調査の箇所が不足していると感じたこと、以前支持層である土丹層まで掘って埋め戻された形跡があることを示す土が見られたが、従前に存在した建築物が、どのように解体され、どのような杭を抜き、どのような処理をしたかの情報がまったく共有されていなかった」

さらに現場での非常識な応急処置が中間報告に記されています。

「工事日報によれば、掘削作業の過程で地中障害が見つかり、設計上の杭の打設箇所を変更している箇所が比較的多く見受けられる」

杭の打設位置を変えるのは建築構造的には危険といわれます。

本来なら載荷試験で想定以下の支持力しか得られなかった時点で工事を止めて確認機関に指示を仰ぐべきだったと専門家は指摘します。しかし分譲開始が迫り、二〇〇八年春の新学期前の入居に間に合わせようと工事は継続された。七年の歳月が流れ、杭の未到達が報道されると、三井不動産は脱法行為を追及されるのを避けたくて「建て替えておしまい」へと舵を切った、と推量できそうです。負のタイムカプセルをもう一度、埋め戻したのでしょうか。

三井不動産広報部は、細野氏のコメントを引用した『週刊現代』(二〇一六年二月一三日号)の取材に「詳細については回答を控えさせて頂きますが、本件の一連の手続きについては適正になされていたものと認識しております」と答えています。

真相究明のバトンは国から横浜市へ

それでは、不動産・建設業界を監督、指導する国土交通省は、杭の施工不良の原因をどうとらえているのか。LaLa横浜の杭未達問題を受けて、国交省は建築学者と弁護士の「基礎ぐい工事問題に関する対策委員会」に調査を委ねました。対策委員会の「中間とりまとめ報告書」は、技術論に終始し、建築確認と載荷試験の順逆には踏み込んでいません。

「(本報告書は)再発防止策に関する提言をとりまとめたものであり、横浜市のマンション事案の責任の所在を明らかにすることを目的に行うものではない」と記し、「今後、横浜市の指示に基づく調査も予定されているため、新たな事実関係が明らかになることがあり得る」と自治体に下駄を預けて事実関係の究明を避けています。

国は大手不動産会社に暗黙の配慮をしたのでしょうか。

LaLa 横浜の杭の安全性調査は、建築研究振興協会を交えて行われました。建築研究振興協会は、杭先端の地盤にささった「根固め部」について「健全とはいえない」と言いつつ部分的な調査なので全体を推し量れない、としています。強度の数値は非公表です。

横浜市は、建築基準法違反ではあるけれど「震度七でも倒壊の恐れはない」と発表しました。国から下駄を預けられた恰好の横浜市は、調査を進めて「最後の審判」をどう下すのか。建築確認の脱法的手続きを含めて、どのような調査結果が公表されるのか、と関係者は注視します。

メディアで「三井の大盤振る舞い」「手厚すぎる補償で常軌を逸している」「ブランド戦略だ」と印象論が飛び交う裏側で、横浜市に真相究明のバトンが渡ったのでした。

「議決権放棄」のプレッシャー

二〇一六年春、地震への不安を抱えて、LaLa横浜の管理組合(住民)総会が開かれました。ここで建替え決議に進むと予想されていましたが、理事会は踏みとどまります。全棟建て替えに向けて五分の四の賛成ではなく、「全員合意」を目指したのです。太田さんが述懐します。

「五分の四で押し切っても、少数の反対者が強硬だとシコリが残ります。裁判にでもなれば、前に進めず、大停滞します。一つにまとまるために反対者を説得したんです」

高齢者は二度の引っ越しや仮住まいに及び腰です。子育て世代は、仮住まい中の教育環境を心配しています。賃貸に出している区分所有者、海外勤務中の住民……反対にもそれぞれの事情がありました。絡まった糸をほぐすように理事たちは全棟建て替えの妥当性を語り、一人ひとり説得します。

半年の時間をかけて、全員合意のパズルがはめ込まれました。

そうして、一六年九月一九日、横浜市緑区の公会堂で「建替え決議集会」が開かれました。その日の午前一〇時四〇分、公会堂の壇上のホワイトボードに書かれた数字を見て、私は「へぇずいぶん差があるな」と首をひねりました。

「区分所有者総数六三五名――賛成六三三名」
「総議決権数七二一件――賛成七〇九件」

いずれも九九パーセント超の高い賛成率で全棟建替え決議が成立しています。反対者は二名とわかりました。不可解なのは高い賛成率ではありません。区分所有者が大幅に減り、三井不動産レジデンシャルが七〇以上もの住戸を買い取っていたことでした。

従来の区分所有者数は七〇五です。全戸の一割もの議決権（票）を集めれば、賛成でも反対でも数の力を使えます。三井の狙いは何だったのでしょう。

大量買い取りの意図が読めないまま、建て替え修繕委員長の太田さんに「三井票」の動きを訊ねると、予想もしていなかった答えが返ってきました。

「三井は七二戸の票を持っていますが、最後まで賛成か反対か言いませんでした。住民の多数派（全棟建て替え派）を支持するよう度々説得しましたが、はっきりしない。ひと月ほど前、やっと「住民だけで五分の四以上」が賛成すれば、賛成すると口頭で伝えてきました」

もしも住民だけで五分の四がクリアできなければ、三井はどうするつもりだったのか。

「議決権の放棄でしょう。まさか全棟建て替えを言いだして反対はできない。でも住民の八割が賛成しなければ、議決権放棄の口実はできる。議決権放棄は反対と同じです。われわれは、三井票はないものとして、何が何でも住民だけで九割以上の賛成を目指しました」

「議決権放棄」と聞いて、思わず、わが耳を疑いました。三井不動産は全棟建て替えを早々とぶち上げたけれど、内心は議決権放棄による補修や部分建て替えも捨てていなかったのか。

全棟建て替えには四五〇億円以上の費用がかかります。元施工の三井住友建設や下請けの日立ハイテク、旭化成建材にも負担を求めるとはいえ、すんなりとはいきません。三井不動産の株主は全棟建て替えの経営判断に不満も漏らしていました。一棟の補修で済めば、費用は数十億円に圧縮できそうです。株主の責めをかわすには議決権放棄は有効です。

全棟建て替え表明でブランドを守りつつ、住戸を買い占めて数の力を蓄える。住民側に合意形成の高いハードルを課し、場合によれば補修に転換。したたかな戦術が浮かび上がってきました。私は三井不動産に住戸買い占めの意図を訊きました。広報担当はこう反論します。

「一部の区分所有者の方が売却されて移られたのは、そのとおりですが、決議を賛成、反対のどちらかに誘導しようという意図は当社にはまったくありません。いろいろな所有者の考えをお聞きするなかで個別に判断して買い取った。結果的には議決権が集まったわけで、いくつ持てるかは想像できませんでした」

住戸の買い取り価格は新築相当額だったのか、買い取るためにさらに上積みをしたのか。

「買い取り価格に関しては、それぞれプライベートな問題がありますので控えたい」

管理組合に「五分の四以上」の賛成があれば支持すると伝えたのか。

「管理組合とのやりとり、各論的な部分はプライバシーにもかかわるので控えさせていただく。ただ、住民の皆さんの総意に従う、と申し上げてきた。当方の票がなかったら、住民の方々がどう判断されたのか、そこには当然注目しました」

三井不動産の広報は「住民の総意」に含みを持たせて答えました。

封印された危険性の核心部分

管理組合は巨大で手ごわい三井不動産と水面下で激しい攻防をくり広げていました。じつは決議集会まで三週間を切った八月三〇日、管理組合は賛成票の手ごたえを探っていたのです。弁護士、司法書士、管理会社、コンサルティング会社が参加して議決権行使書の「事前開封」が行われました。そこに管理組合の理事も監視役で加わったのです。

建て替えの議決権行使書は、定例総会で議案に○×をつける類ではなく、権利者全員の署名や印鑑が必要な厳格なものです。決議集会の本番で書類を調べていたら時間がいくらあっても足りません。そこで事前開封して不備な書類は権利者に返して修正してもらう、というのが手続き上の理由ですが、ともかく事前開封で「票」が読めます。

八月三〇日時点で議決権総数七一一に対し賛成が五七三、八〇パーセントをわずかに超えた程度でした。そこから猛烈な説得活動を展開し、九月一六日にも事前開封されて賛成は六三一に増えました。ついに三井も決議集会の本番で賛成に回ります。二名の反対者も、全棟建て替えへの「合意書」を出しており、実質的には一〇〇パーセント、全員合意を達成していたのでした。

二〇一七年三月末までに全住民が仮住まいに移転し、全棟解体、建て替えへと進みます。四棟、約二三〇〇人の街が消えました。竣工は二〇二〇年末の予定です。

やがて潮が引くようにメディアの関心は薄れましたが、積み残した重要な課題があります。杭の安全性の調査です。横浜市は、杭の根固め部の調査、安全性について専門家の評価を三井不動産レジデンシャルと三井住友建設に求めていました。両社は、杭の引き抜き作業のずれ込みなどを理由に七回も報告を延期しました。

一九年一月末、ようやく横浜市は「くい先端部を固めるセメント液量データの改竄原因に関する調査報告」を受理しました。事実究明への期待が高まります。

しかし、横浜市は「全棟建て替えで倒壊などの危険性はなくなった」と調査報告を公表しませんでした。最後の審判は幻に終わったのです。国は自治体に調査を押しつけ、自治体は業者を慮って幕を引く。横浜市の不陸の多い地盤と杭の問題は封印されました。三井のブランドは守れたかもしれませんが、社会的に今回の核心的な部分の知見は共有されず、欠陥の火種はくすぶり続けます。首都圏は、いつ直下型地震が起きるか知れません。東海、東南海地震も予想されています。既存マンションの危険性は市の職員の机のなかにしまい込まれました。

仮移転先で、太田さんは回顧します。

「建て替えずに済むなら、それが一番よかった。みんな住み続けたかった。でも、どれだけ危ないのかもわからず、全棟建て替えでしかまとめられませんでした。高齢者が仮住まいの賃貸を借りに行って断られるのを、フォローしきれませんでした。悔やまれます。八〇代の男性の奥さんが事件の渦中で亡くなっていました。男性は黙っていて、一人で部屋を借りに行って断られ続け、何十年も離れていた山陰の故郷に帰りました。もう知り合いもいないのに……。賃貸業者は家賃云々で断るのではなく、孤独死を嫌うのですよ。結局、私たちの力になってくれたのは、人脈でつながった専門家。管理組合が自力で集めました。相談窓口は、どこも業界の息のかかったところばかり。中立・公正な第三者機関がほしいですね」

どんな欠陥があっても建て替えれば不問に付す。行政の過ちは問わず、大手企業の失態も追及しない。このような処理は、過去の欠陥紛争の延長上にあります。奇しくもLaLa横浜が着工する直前に火がついた「耐震偽装事件」が一つの転換点でした。耐震偽装事件の顚末が、その後の欠陥マンションの建て替えに影響を及ぼしているのです。

耐震偽装事件──国の建築確認の責任問わず

耐震偽装事件は、二〇〇五年一一月一七日、国交省の記者発表で表面化しました。姉歯一級建築士が構造計算書を偽造し、耐震基準を満たさないマンションやホテルなどが次々と建設されていました。耐震偽装された建物は「震度五強で倒壊の恐れ」と報じられ、自治体に「使用禁止命令」が出されます。一一棟、約三〇〇世帯の住民は一斉に退去しました。二重ローンを背負う、苛酷な建て替えへと導かれていきます。離婚や自殺未遂も起きました。

偽装を見逃した確認検査機関イーホームズの審査担当者一〇人は、全員が自治体で確認検査業務に携わった公務員OBでした。国交大臣が資格を与えた確認検査機関が機能しなかったのですから、国にも責任が及ぶと考えられます。

当初、国交省と検察は、マンションを開発・販売した建築主のヒューザーと建設会社、建築士が結託してコストダウンのために偽装を行い、イーホームズがいい加減な検査で、これを見逃したという筋書きで関係者の身柄を拘束しました。

警察の取り調べが進むにつれて、建築士が個人的に「お金をかせぐ（仕事を取る）」ために偽装をしたことが判明し、共謀性は否定されます。建築士は建築基準法違反で懲役五年罰金一八〇万円の実刑判決を受けます。検察の見立ては崩れました。

しかし、建築士以外も「別件」で逮捕、起訴されています。

ヒューザーの小嶋《おじま》進社長は「詐欺罪」を適用されました。神奈川県藤沢市の偽装マンションの安全性が確認されていないにもかかわらず、偽装を知った翌日＝〇五年一〇月二八日、購入者一一人に部屋を引き渡し、代金四億円あまりを騙し取ったとして懲役三年、執行猶予五年の一審判決を受けたのです。逮捕後、三二五日も未決勾留されています。小嶋氏は即日控訴しましたが、高裁で退けられ、最高裁でも上告棄却されて刑が確定しました。

偽装を見逃した公務員ＯＢや建築主事、国の責任は司法の場では問われず、関係していた民間企業の多くが倒産に追い込まれます。ヒューザーも潰れました。

耐震偽装事件は、のちの欠陥対応に決定的な影響を与えています。

偽装発覚から一二年余りが過ぎた二〇一八年三月、ビル管理業を営む小嶋氏に私は会い、改めて事件の経緯をたどりました。小嶋氏がイーホームズ社長から初めて千葉県船橋市に建設中のマンションの耐震偽装を知らされたのは二〇〇五年一〇月二七日の昼前でした。

小嶋氏は、突然、やってきたイーホームズ社長から、建築確認審査を委託されている船橋のマンション二棟の検査済証は下ろせない、と告げられます。寝耳に水でした。「何としても下ろしてもらわないといけない」「いや、下ろせない。国交省に報告する」と押し問答が続きました。やりとりを、小嶋氏は、こうふり返ります。

「その場では、船橋以外の物件の情報提供もなかった。もちろん、藤沢のマンションについても、です」

翌二八日、ヒューザーの販売子会社が藤沢のマンションを一一人の購入者に引き渡しました。小嶋氏は、引き渡しを本当に知らなかったのでしょうか。

「これを聞いていただけませんか」と小嶋氏は、一〇月二七日午後五時四〇分から一時間余り、自動車のなかで各方面に電話をした録音データのCDを出しました。知人の葬儀に向かう車中で顧問弁護士や販売子会社の責任者と交わした会話を、女性秘書が備忘録代わりに録っていたのです。小嶋氏は販売子会社の責任者にこう指示をしています。

「売れてないやつ(住戸)に関しては、姉歯建築士の構造設計のやつは販売中止」

「それと契約が終わっているものや、まだ引き渡していないものに関しては、金を返して解約の準備をとりあえず進めて。その一覧表を作ってくれや」

その後、「藤沢。藤沢に関してはさー、もう、検査済証下りちゃってるんでしょ。ん、だから、ここんとこまで引き渡したものに関しては、そのままで。あのー、やっちゃうと」。すでに引き渡した物件は「やっちゃう」＝通常の対応を続けろと言っています。

そして「あと、新しい販売は、だから、しないと、基本的に」。

翌日の引き渡しを止めたようにも聞こえます。小嶋氏は、ヒューザーが住戸を安く売るために耐震偽装をさせたという見方を真っ向から否定しました。

「新築マンションを販売したディベロッパーには一〇年間の瑕疵担保責任があります。もしも構造にかかわる欠陥物件を売りつけていたら、建て替えなきゃいけない。わずかの金を惜しんで偽装させたら、自分で自分の首を絞めます。関係者の誰一人、建築士に偽装してくれなんて頼んじゃいません。だから見破れなかった国の責任は重いんです」

小嶋氏は、偽装を知ってから記者発表までに二度、水面下で国交省を訪ねています。

最初は一一月初旬、公明党議員の紹介で国交省の建築指導課に行きました。課長補佐に「でたらめな確認検査機関に何で大事な審査をやらせるんだ。こっちは会社の命運がかかっている」と猛抗議をしました。会社に戻り、同課のO課長に手紙をファックスで送っています。

二回目は元国土庁長官の伊藤公介氏に同行して国交省を訪ねました。

「建築指導課のO課長と対面しました。伊藤先生が国に責任はないですか、と問うと「国にも責任があります」とおっしゃった。私は、思わず立ち上がって、ありがとうございます、と頭を下げました」

小嶋氏は、被害マンションの補償に一〇〇億円以上かかると予想していました。

「建て替えか、住戸を買い取って、再入居を希望される方には無償で渡す。債権に銀行は融資してくれないから、国に五〇億円を貸してほしい、と政治家や業界トップを介してお願いしていました。五〇億貸してくれたら、国がどうこうでなく、自分の責任で処理するので助けてほしい、と頼んだ。O課長が国の責任を口にしたので、貸してくれると喜んだのです」

しかし、当ては外れました。小嶋氏は参考人招致、証人喚問で国会に呼ばれ、「悪役」のレッテルを貼られます。もちろん建築主のヒューザーに責任があるのは論を俟《ま》ちません。販売した責任も当然あるでしょう。他方、国の建築確認制度が機能しなかったのも事実です。

とうとう国は責任を認めませんでした。国交省の「構造計算書偽装問題に関する緊急調査委

員会　報告書」（二〇〇六年四月）には、次のように記されています。

「（建築確認制度は）「建築自由」の原則の下に、業務を独占する建築士が責任をもって設計し、それを建築主事という公の機関が、関係法令に適合するかどうか確認するという民主的な制度である」「建築確認は法令に適合することを判定するだけの、裁量の余地のない羈束《きそく》行為であり、判定ミスがあった場合、建築確認を受けたからといって、設計の内容が合法化されるわけではない」

つまり建築確認は、「許可」ではなく、法令適合性のチェックなので、安全性を裁量する余地はない。確認を下ろしたからといって耐震偽装にお墨付きを与えたわけではない、と説きます。さらにディベロッパーの責任を強調します。

「デベロッパーである建築主は、「確認」という手続きにパスすることよりも、必要な性能を有する建築物を作ることが大切なのに、本来負うべき社会的責任を自覚せず、構造安全性に関心を持たないところに問題がある」

偽装を知らずに売ったディベロッパーが悪いと決めつけています。

多大な負担を背負わされたのは被害マンションの住民でした。実態的な被害度は精査されず、構造計算を偽装されたマンションには「使用禁止命令」が出され、解体、自力再建のレールが敷かれたのでした。建て替えておしまいのパターンです。

小嶋氏は、五年の執行猶予を終えたいまも「必ず再審請求します」と言葉に力を込め、こう語りました。

「奇妙なことに、裁判が終わったのに証拠物件で提出したヒューザーの預金通帳が返ってきていません。偽装を知らされた日には、藤沢のマンションの話は出なかった。だから、その日に銀行や建設会社に建築代金や中間金など九億円ぐらい返しました。そんな詐欺師いますか。藤沢の引き渡しは、検査済証が出ていたので、販売会社がふつうの商行為で行った。通帳が戻れば、お金の出入りがはっきりします。騙す意図があったか一目瞭然です。なのに返還請求をしても「個人に返すものはない」です。おそらく検察が保管しているのでしょう。ヒューザーが潰れて、破産管財人（弁護士）は四億八〇〇〇万円もの配当金を得ています。こんな詐欺ってありますか」

小嶋氏はビル管理業を手掛けながら、「再審請求」の道を探っています。国は耐震偽装の再発防止を理由に建築基準法を改正し、確認手続きの厳格化、煩雑化を進めました。

安全なら建て替えでも補修でも資産価値は変わらない

もう一つ、瑕疵処理に影響を及ぼした事件があります。耐震偽装事件で世論が沸騰していたころ、東京都八王子市南大沢の多摩ニュータウンでは、住宅・都市整備公団(現UR都市機構)が一九八九〜九三年にかけて分譲したマンション群で、史上最悪の欠陥紛争が起きていました。六団地、四六棟、全九一九戸の至るところで施工不良による雨漏り、ジャンカと呼ばれる欠陥コンクリートの耐力不足が見つかり、壮大な建て替えと補修が行われていたのです。

住民の山田邦夫さんは、そのなかの一八棟(低層一六棟、高層二棟)計三二二戸の団地の公団瑕疵工事特別委員会委員長としてURと対峙していました。会社勤めの傍ら一九九七年から二〇一〇年まで委員長を務め、途方もないエネルギーを瑕疵紛争に注ぎました。

「建て替えられるかどうかのポイントは、住民自身が瑕疵を立証できるか否かでした。被害建物では建築技術者が壁のジャンカを削ったら突き抜けて空が見えました。そこまでやっても、当初、URは動きませんでした。地元選出の国会議員の助力も得て、第二東京弁護士会の「仲裁センター」をURとの交渉の場にしたのです」

と、山田さんは瑕疵委員会で得た教訓を語ります。

二〇〇四年に始まった和解斡旋で低層棟の建て替えは比較的早く決まりましたが、高層二棟の建て替えをURは認めませんでした。四年半、計四七回の斡旋会議を経て、高層棟は壁を取り除き、スケルトン（躯体の骨組み）にして補強し、外観も機能も新築のように再建する方法で合意しました。山田さんは話を続けます。

「管理組合に必要なのは住民への情報公開です。弁護士会は、斡旋会議の議事録を出しませんでしたが、私たちは毎回、住民に会議の内容を知らせました。仮住まいの確保も重要です。住民の生活状況をパターン化、類型化して交渉を重ねました」

興味深いのは「建て替えでも補修でも竣工後の流通価格は相場どおり」だったことです。

「安全性が立証できれば、どちらでも資産価値に問題はありません。売り出された高層棟の住戸も三日で売り切れました。じつは三二二戸のうち一三七戸はURが時価プラス補償金で買い取って、再分譲しました。そうしたら若い人がどっと入ってきたのです。団地が若返って、子どもの声が響いています」と山田さんは締めくくりました。

大手ディベロッパーは、耐震偽装事件や南大沢の欠陥紛争を眺めながら瑕疵対応を変化させました。深刻な瑕疵が見つかったら、あまり時間をかけずに建て替えてしまう。そうすれば行政との軋轢もなく、評判も落とさずに済む、と頭を切り替えたようです。

二〇一一年に東日本大震災が起きました。

仙台市では、五件のマンションが「危険」を理由に取り壊されています。そのうち建て替えられたのは、三井不動産が分譲した「長町南三丁目パークホームズ」(二九戸)だけでした。他の四件は公費解体後、敷地が事業者に売却されています。

「長町南三丁目」は、倒産した東海興業が施工した物件で、コンクリート強度が著しく劣っていました。欠陥を認めた三井不動産は、全額自社負担で建て替え、新住戸を提供すると住民に申し出ます。ただし絶対に話を外に漏らすな、と緘口令を敷いたといわれています。

「ブランドが傷つくのを恐れたのです。気づいたメディアも、一切報じず、秘密裏に建て替えが進められた」と仙台の管理組合団体の幹部は言います。LaLa横浜でも、できればそうしたかった。しかし情報が洩れてメディアが報じ、あのような顚末になったのでしょうか。

瑕疵への対応は「情報」が鍵を握っています。住民への情報公開は不可欠です。補修か、建て替えか、管理組合自身が客観的な知見を集め、判断を下さねばならない時代が到来したようです。

第４章
超高層の「不都合な真実」

外壁修繕中のタワーマンション

「容積率の緩和」という錬金術

超高層マンションが続々と建てられています。タワーマンションは眺望とホテル並みの豪華な共用設備やサービスが売り物です。以前は富裕層しか手の届かない高嶺の花でしたが、棟数が増えるにつれて、より一般化してきました。

それとともに急激な人口集中によるインフラ整備の遅れや、新旧住民の分断現象も起きています。多くのタワーマンションが、管理組合運営に手こずり、修繕や設備更新のノウハウが確立されていません。人気の高さとは裏腹に「不都合な真実」が顕在化してきました。課題を掘り下げるために、まずは超高層マンションが林立する背景を見ておきましょう。

超高層マンションに法的定義はありませんが、高さ六〇メートル、二〇階建て以上とされています。その第一号は、一九七六年に住友不動産が埼玉県与野市(現さいたま市)に建設した「与野ハウス」(二一階建て)だといわれています。初期のタワーマンションは、都市計画上の規制により、広大な敷地を要しました。そのために地価の安い郊外や、河川沿いに建設され、数も多くはありませんでした。

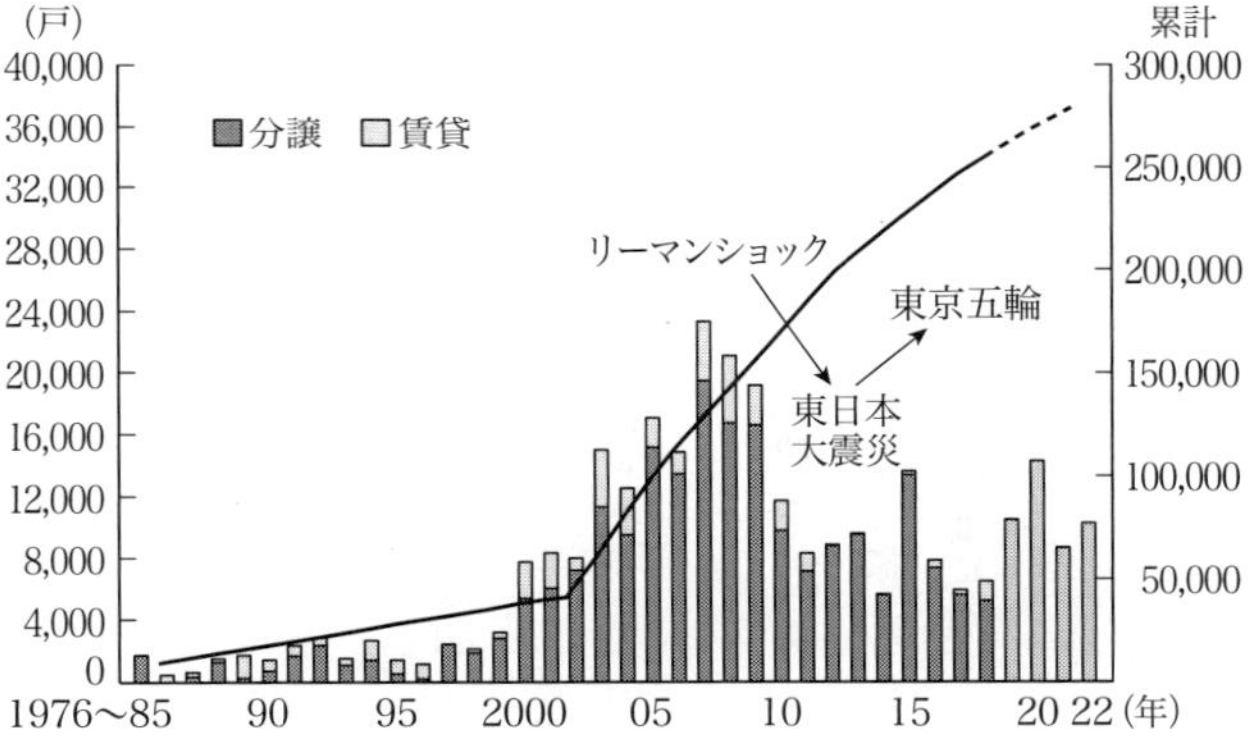

出所：不動産経済研究所データより作成

図 4-1　超高層マンション竣工・計画戸数（首都圏，1976〜2022 年，2019 年以降は完成予定数）

流れが変わったのは、一九九七年。バブル経済崩壊後の不良債権処理が不動産・建設業界にのしかかるころでした。国が「高層住居誘導地区」を導入し、東京湾岸エリアの工場や倉庫、貨物ヤードなどの跡地にタワーマンションが建てられます。

二〇〇〇年代に入ると、「都市再生」「都心回帰」を合言葉に駅前地区の「市街地再開発」に拍車がかかりました。バブルのツケ払いが超高層建設に託され、首都圏から近畿圏、地方中核都市へと波及します。〇八年九月のリーマン・ショックで供給量は減り、一一年の東日本大震災で落ち込みますが、二〇年の東京五輪をメルクマールとして増加に転じました。

不動産経済研究所のデータによれば、一九年以降に完成予定の超高層マンションは、全国で三〇〇棟、一一万四〇七九戸。そのうち七三・六パーセントを首都圏が占めています。東京二三区内に五二・五パーセントが集中しており、近畿圏が一二・八パーセント、福岡県三・四パーセント。景気に左右されながらも、東京都心部や湾岸エリアを中心に超高層マンションは大量に供給されています。最近は、内陸部の市街地にも建ち続けています。

なぜ、タワーマンションは増えるのでしょうか。

開発の原動力は、「容積率の緩和」という錬金術です。

敷地に建物を建築する場合、周辺環境への配慮や、安全性などの観点から建物の大きさが建築基準法で規制されています。「敷地面積」に対する「建築面積(建物を真上から見たときの外周で求めた面積)」は「建蔽率」で示されます。建蔽率五〇パーセントなら敷地の半分の広さに建物を建てられます。そこに「容積率」が加味されてボリュームが決まるのです。

容積率とは、敷地面積に対する「総床(延べ床)面積」の割合です。建蔽率五〇パーセントで、容積率一〇〇パーセントなら建物を二階建てにして敷地面積と同じ総床面積の建物がつくれることになります。

容積率も建蔽率も、都市計画法の「用途地域」ごとに建築基準法で定められています。

用途地域は、環境を守り、効率的な活動を行うための根本的な区分です。

たとえば用途地域が準居住地域で、一〇〇〇平米の敷地に集合住宅を建てるとします。建蔽率五〇パーセント、容積率二〇〇パーセントとすると、最大で五〇〇平米の建築面積に、四階建て、総床面積二〇〇〇平米の建物を建設できます。

その容積率が、三〇〇パーセントに緩和されたら同じ敷地で六階建てが可能となります。デベロッパーにとって、これほどおいしい話はありません。売れる住戸がたちまち増えるのです。紙幣を敷きつめた四段重ねの重箱が労せずして六段に変わるようなもの。事業費に占める土地購入費の割合はぐんと小さくなります。

超高層マンションは、容積率緩和の賜物《たまもの》です。国の「総合設計」「特定街区」「高度利用地区」「高層住居誘導地区」等々の制度で容積率が緩められ、一五〇メートル、二〇〇メートルを超えるマンションが建ちました。総合設計では、敷地内に「公開空地」を設けて「市街地の環境の整備改善に資する」と認められれば容積率の制限が大幅に緩和されます。

容積率緩和は、一度、手を出したらやめられない錬金術です。二〇〇〇年の法改正では「空中権の移転」で「空間のボーナス」を受け取るしくみもひねり出されました。

空中権とは、用途地域で指定された容積率と実際に建っている建築物の容積率の差です。

低い建物は容積率が余っているとみなされます。それを開発事業者が買い取って新しく建てるビルに上乗せするのです。JR東日本は東京駅の空中権を、新丸ビルやJPタワーなどの事業者に売って五〇〇億円を調達し、レトロ調の復元工事を行いました。

こうした手法で超高層マンションの容積率は、六〇〇パーセント、七〇〇パーセント……と緩和されてきました。

二〇一九年三月、東京都新宿区は「西新宿三丁目西地区第一種市街地再開発事業」で、六五階建て、高さ二三五メートルの超高層二棟の建設を都市計画決定しました。総住戸数は二棟で約三二〇〇戸。東京都下の奥多摩町(二六七五世帯)をしのぐ戸数です。もとは低層の木造住宅が密集し、細い路地が入り組んでいたところに「垂直の街」が二つ生まれるのです。

その容積率は、八八〇パーセント! 際限がありません。再開発前の二倍に跳ね上がっています。

超高層マンションの建設は地域経済を活性化するのだから奨励していい、という意見もあります。しかし、タワーマンションは、ストローのように周辺の住宅ニーズを吸い上げます。すでに東京都内で居住世帯が長期不在、あるいは取り壊し予定の空き家は約一五万戸。そのうち非木造の共同住宅が四万七〇〇〇戸を占めています。周りの空室率の高まりを後目に超高層が需要を吸い上げ続けたらどうなるか。危機のカウントダウンは始まっています。

二〇二〇年東京五輪後の不動産危機

タワーマンション開発は、買い手側の旺盛な投資意欲に支えられてきました。

投資セミナーでは、「タワーマンションは長期的に安定した家賃収入が得られる。低金利時代の希望の光」「現金よりタワーマンションのほうが相続税評価額は低く、節税効果が高い」と説明され、ビジネスマンが飛びつきました。

中国人富裕層もタワーマンションを投資のターゲットにしています。シンガポールやマレーシアで中国人に販売して開発資金を早目に確保する事業者もいます。

「空中族」と呼ばれる投資家たちが、ＮＨＫの番組で紹介されたのは二〇一六年五月でした。空中族は、購入後も値上がりが見込める新しいタワーマンションに移り住み、短期間で売却して値上がり益を手にします。それを元手にさらに高額の超高層マンションに移る。これを何度もくり返している人たちです。

番組では、外資系企業の四〇代の男性が、二年間で二〇〇〇万円の値上がり益を得て、住戸を売却。高級マンションに買い替え、すぐに売って一六〇〇万円の利益を手にし、さらに豪華なマンションに移った例が紹介されていました。

年間に中古市場に売り出されるマンションは、全体の二パーセント程度といわれますが、新築後一年半で二割も売られたタワーマンションもあるようです。眺望の良さにコンシェルジュのサービス、スパで寛《くつろ》げて、小売店舗や診療所も併設されている。そんなタワーマンション計画が投資熱を煽って具体化されました。

しかしながら、大量供給が続けば、青天井に見える相場にも翳《かげ》りがさします。一七年には中国人投資家が超高層物件を一斉に売り、売れ残りも出ました。

焦点は二〇二〇年東京五輪の後です。不動産業界では中国人投資家は五輪前に高値で売り抜けるといわれています。そこに東京湾岸での超高層マンションの大量供給が追い打ちをかけ、首都圏の相場が崩れると懸念されているのです。

五輪の「選手村」がその引鉄になるのではないか、とみられています。

五輪選手村は、東京都中央区晴海五丁目の広大な旧都有地(一三万四〇〇〇平米)につくられています。大会終了後、選手村の建物はマンションに改修され、タワー型二棟が新築されて、二三年に総戸数五六三二戸(分譲四一四五戸)の街に変貌します。想定居住者は約一万二〇〇〇人です。

選手村跡地の開発は、「ＨＡＲＵＭＩ　ＦＬＡＧ（ハルミ・フラッグ）」と命名され、三井不動産レジデンシャルを幹事に、三菱地所レジデンス、野村不動産、住友不動産など大手ディベロッパー一一社が参画しています。過去に最も大きかった民間分譲マンション開発の総戸数は、二一〇〇戸でした。その二倍もの住戸が売りに出されるのです。

晴海五丁目ばかりではありません。南東の江東区豊洲や有明、台場でも巨大マンションが建設されています。東京都は、一帯の定住人口が五万六四〇〇人（二〇一五年四月現在）から五輪後に一一万四八〇〇人、将来は一五万人以上に増えると見込んでいます。一〇万人の増加人口は、茨城県取手市や大阪府池田市の人口に匹敵します。市が一つ、短期間に湾岸の埋立て地に立ち現れる勘定です。

高度経済成長期のニュータウン開発の中心、多摩市でさえ、一九六六年に約二万人だった人口が一二万人を超えるまでに二〇年かかっています。経済が右肩上がりの時代でも、学校や病院、交通網などのインフラ整備を顧みて開発に歳月を費やしました。いかに湾岸開発が急いで進められているかおわかりいただけるでしょう。

当然、短期間に大量の住戸が売られたら完売は難しくなります。そこでハルミ・フラッグの販売価格は、近隣相場より一～二割低く抑えられるといわれています。値下げできるのには理由があります。ディベロッパーが広大な土地を異常な安値で都から譲り受けているからです。

東京都は、一三万四〇〇〇平米の敷地を約一三〇億円で一一社に売り渡しています。一平米当たり九万七〇〇〇円。坪当たり三二万円という安価です。地価の相場とは大きな開きがあります。国交省が発表した晴海五丁目の公示地価は、一九年で三四〇万四九五八円/坪。一六年にさかのぼっても、三一四万四九五円/坪でした。

なんと公示地価の一〇分の一の安さで東京都はディベロッパーに敷地を売り払っているのです。一方で、都は周辺の道路整備に五四〇億円の予算を注ぎこみます。

公示地価の一〇分の一という土地評価は、一般財団法人日本不動産研究所が行いました。「開発法」という特殊な数学的手法が用いられていますが、この都有地処分は「違法、不当な都民財産の売却」と、東京都知事を相手取った住民訴訟が起きています。

不動産の専門家は、「都心近郊のエリアと競う価格で、湾岸でマンションが大量に売られたら首都圏全体の市場が狂ってしまう。五輪後、価格が暴落して崖から転がり落ちるように潰れる事業者も出るでしょう」と警鐘を鳴らします。

超高層マンションは、容積率緩和の錬金術、ミニバブルに似た投資過熱、官有地の低廉払い下げ、といった危うい合わせ技を駆使して建てられてきました。眺望や付加価値の高さが強調され、投資対象として脚光を浴びていますが、一棟に数百〜千戸以上が入る共同住宅の建設は、局所的な人口増をもたらし、さまざまな軋轢を生んでいます。

武蔵小杉、東京湾岸の超高層化とインフラ整備の遅れ

神奈川県川崎市中原区、三つの「武蔵小杉駅」の周りにはわずか一〇年余りで十数棟の超高層マンションが林立しました。ＪＲ横須賀線と湘南新宿ライン、私鉄の東急東横線、ＪＲ南武線が、それぞれ武蔵小杉の名で駅舎を構えており、大型ショッピングモールやホテルも建ち並び、子育て世代を中心に人口が急増しています。

それにつれて、通勤、通学の時間帯に人の波が駅に押し寄せ、すさまじい混雑が生じました。鉄道インフラが追いつかないのです。

朝七時半、ＪＲ横須賀線の新南改札から入場待ちの列が路上までのびていました。横須賀線は一つのホームを上下線が使っており、人と人がすれ違いざまに転落しそうな怖さを感じます。品川まで一〇分で行けるはずが四〇分かかりました。

ＪＲ東日本は、横須賀線のホームを増設し、新しい改札口を設けると発表しています。二〇二三年には新ホームが完成するのですが、周辺では今後も超高層マンションの建設が予定され

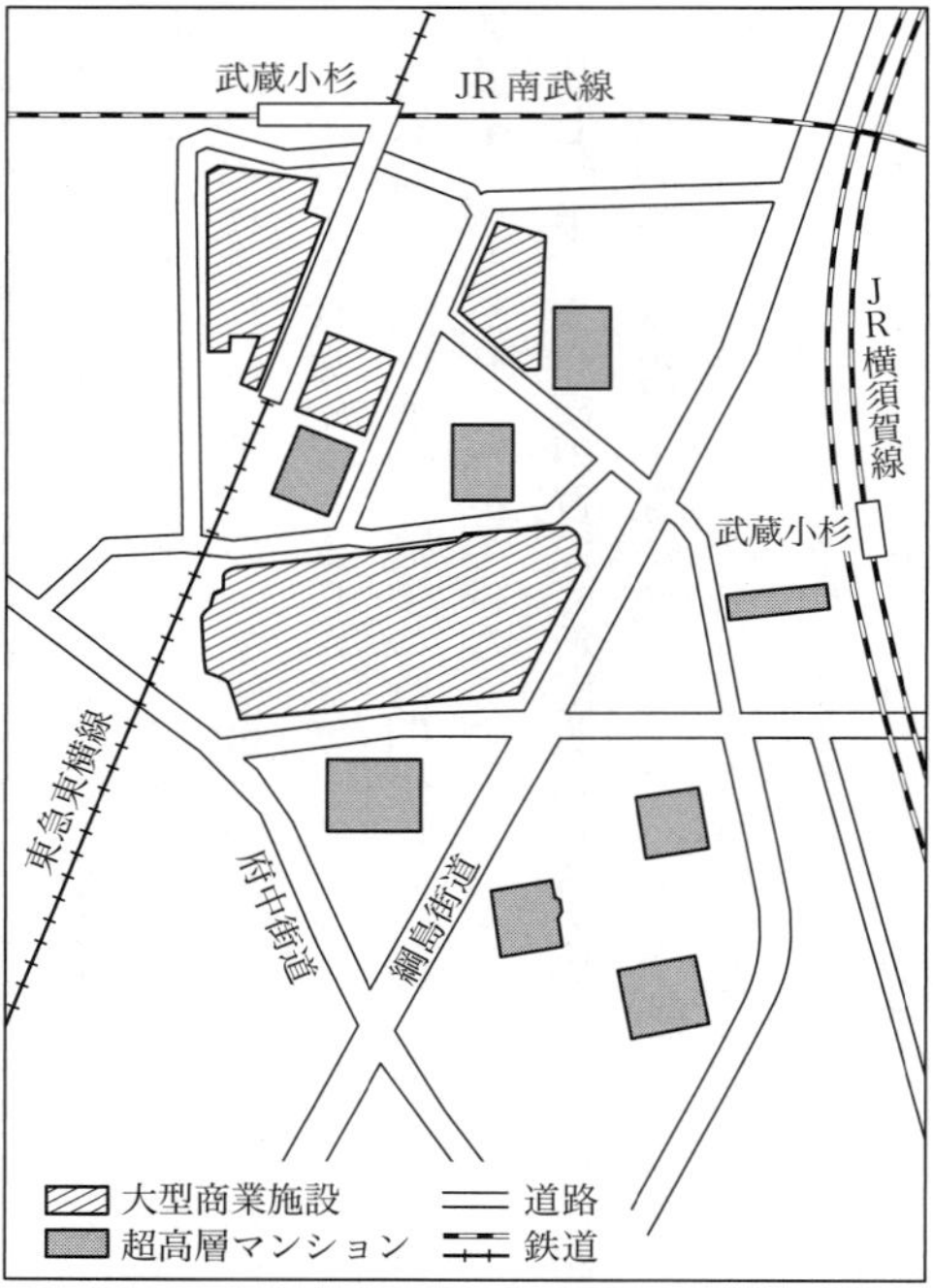

図 4-2　武蔵小杉駅とマンション

ており、電車の増発が難しいなか、どの程度、混雑が緩和されるか見通せません。

もともと武蔵小杉駅は、東急東横線とＪＲ南武線の二つでした。駅の東側は、不二サッシや東京機械製作所の大工場と、ガラスや印刷の町工場がひしめく工業地帯が広がっていました。

一九九〇年代、工場移転が現実味を帯びると跡地利用の再開発が注目されます。

再開発が加速したのは二〇〇三年。きっかけは鉄道でした。川崎市とＪＲ東日本が横須賀線にも武蔵小杉駅を新しく開く協定を結び（一〇年完成）、超高層開発のアクセルを踏んだのです。

横須賀線に新駅ができれば、品川や大手町、都心の勤務地と、横浜、鎌倉、湘南が一本でつながります。中間点の武蔵小杉に超高層マンションを建てれば、周辺の需要を吸収し、人気を博すのは間違いない。二〇〇七年ごろから続々とタワーマンションが建ちました。

ディベロッパーのマーケティングは図に当たりました。

それにひきかえ、自治体の人口見通しは大幅に外れます。川崎市は、高層マンションは富裕層が購入し、三〇歳前後の子育て世代は少ない、と予想していました。開発に拍車がかかっていたにもかかわらず、市は、二〇一五年の将来人口推計で、〇～一四歳の年少人口はすぐに減ると予測します。一五年に一九万九〇〇人の年少人口が、二五年には一七万二九〇〇人に減少と推計したのです。

ところが、武蔵小杉の開発が起爆剤になって年少人口は増えます。市は年少人口の推定値を三万人ちかくひき上げました。市内七区で、最も上振れしたのが中原区だったのです。

人口見通しの甘さは、横須賀線の武蔵小杉駅を直撃します。当初、ＪＲは一日の利用者数を約一八万人と読んでいましたが、数年で約二五万人に達し、想像を絶する通勤地獄に陥りました。混雑緩和には増発が有効ですが、朝のピーク時には三分おきに狭いホームに電車が入っており、「編成は一五両で限界、増発の余裕はない」とＪＲ幹部は言いきっています。

通勤地獄と並んで頭が痛いのが、教育環境の問題です。

武蔵小杉の子育て世代は、保育所に入りたくても入れない「待機児童」の問題に苦慮しています。若い母親たちは「保育園の倍率が二〇倍、三〇倍。何十箇所申し込んだかわからない」「認可外保育園の月謝は月に一五万円もかかる」と悲鳴を上げます。

川崎市は、一八年四月一日時点で待機児童数一八人と発表しました。そのうち一五人が中原区内です。数が少ないようですが、これは氷山の一角。希望する認可保育所に入れなくて認可外保育所に入ったり、保護者が育児休業するなどの「保留児童数」は二九六〇人に上ります。川崎市は認可保育所の整備を掲げていますが、武蔵小杉周辺は地価が上昇しており、新しい保育施設の整備は容易ではありません。

局所的な人口増は、東京の中央、港、江東、品川の湾岸四区にも負荷を強いています。年少人口の急増に小学校のキャパシティが追いつかず、慌てて整備を進めているのです。

日本経済新聞の調査では、湾岸四区が公立小学校の新築・増改築に投じた費用は、二〇〇八～一七年度の一〇年間で八五六億円に達しています。それ以前の一〇年間の二二倍に膨らみました。八割の学校が児童数に応じた適切な広さの運動場を確保できていません。学年ごとに屋上や、体育館、校庭に分けて遊ばせる小学校もあります。

超高層マンションの建設誘致には多額の公費が注がれています。中央区では、近年、タワーマンション建設を伴う市街地再開発事業に、一地区で八〇億円前後の「補助金」（国庫負担半分）を投じてきました。

ふり返れば、銀座、日本橋を擁する中央区の人口は、戦後復興期には一七万人を超えていました。その後、核家族化や、バブル経済の地価高騰に追い立てられるように流出が続き、一九九七年には七万人台に減りました。急激な人口減少を中央区は存亡の危機ととらえ、都心回帰の風を受けて、容積率緩和を主軸とする「居住誘導政策」を導入しました。

都心回帰は奏功し、中央区の人口は二〇一九年六月には約一六万五〇〇〇人に増えています。マンション化率は八〇パーセントに達し、V字回復を遂げたわけですが、今後は少子化が進み、ふたたび児童が減るのは避けられません。校舎が余れば維持管理や統廃合の費用が増え、財政を圧迫します。小学校の新増設と、将来的な施設過剰は超高層タウンに共通の悩みです。

人口が回復した中央区は、ついに居住誘導政策の転換を打ち出しました。住宅開発への容積率緩和措置を廃止し、良質なホテルや商業施設の誘導に切り替えると表明したのです。江東区もまた、大規模マンションの「ファミリー物件」の数を実質的に抑える方針を出し、急な人口増に歯止めをかけようとしています。

このように超高層マンションが一般化するにつれて弊害が目に見えてきました。行き過ぎた開発を見直す動きは広がっています。神戸市は都心部の三宮、新神戸、元町、JR神戸駅周辺でタワーマンションの建設を規制する方針を固めました。

概して投資色の濃いタワーマンションは、常に多数の賃貸を抱え、上層階の億ション組と、下層階の住宅ローン組では価値観が違います。共同体の育み方次第で、先々、タワーマンションも持続可能な楽園とスラムに二極化するといわれます。二極化の分かれ目は、管理組合の維持管理です。超高層の建築構造や、設備は極めて特殊で、物理的にも一般のマンションとは違った難しさが横たわっています。

それでは個別の超高層マンションの「不都合な真実」に焦点を絞ってみましょう。

大規模修繕ではなく「多元改修」へ

二〇一七年初夏、東京湾岸で、ちょうど大規模修繕の真最中だった五〇階建て・二棟・一〇〇〇戸のタワーマンションを訪ねました。竣工は二〇〇二年、築後一五年で外壁の大規模修繕をスタートさせていました。工期は約二年、予算規模は一五億円です。

タワーマンションは、築後一五年も経つと住民の構成が大きく変わります。このマンションで新築時から住み続けている住民はおよそ全体の三分の一、中古を購入した新住民が三分の一、残り三分の一が賃貸です。投資目的の所有者の多さがうかがえます。

管理組合の理事は一五名です。初めから住んでいる元住民の世帯主はほとんど理事を経験しており、二回目の理事就任者も出始めました。新住民は世代的に若く、多忙で管理組合活動に距離を置きます。元住民は、大手企業の役員や高級官僚、大学教授が顔をそろえ、良識的ではあるけれど、プライドが高く、折り合いがいいとはいえません。理事のなり手がなく、管理組合の運営に赤信号が灯るなか、大規模修繕にこぎつけていました。

大規模修繕と何気なく言いましたが、超高層マンションのそれは一般的な大規模修繕とはまったく別物です。そそり立つ外壁の修繕や屋上の防水でこと足れりではないのです。

超高層は、工法、材料、システムすべて斬新で同じものはありません。究極の一品生産です。一つずつ対応が異なります。とくに「設備」のすそ野が広く、メンテナンスに莫大な費用がかかります。外壁よりも設備の更新にかかる費用のほうが、よほど「大規模」なのです。

このタワーマンションでは、共用部分の空調の更新に四億円、セキュリティインターホンが二億円、照明のＬＥＤへの交換で一億円、さらにヒーツと呼ばれるガス熱源による住棟セントラル給湯・暖冷房システムは二〇億円の費用を要します。ヒーツには「引当金」が積まれているとはいえ、もはや何が「大規模」なのかわかりません。エレベーターや給排水管にも特殊な技術が用いられています。

これらの設備は、外壁の経年劣化と同時並行で傷み、陳腐化します。外壁修繕よりも設備の更新を優先しなくてはならない場合もあります。つまりタワーマンションの維持管理は、多元方程式を解くようにいくつもの解を導かなくてはなりません。大規模修繕の概念を変える必要があります。超高層マンションの総合的な修繕は、従来の呼び方を止め、「多元改修」とでも称したほうが実態に合っています。元のレベルに戻す修繕ではなく、設備を新たにして機能を高める改良を含む考え方への転換です。

私が訪ねた湾岸のタワーマンションは、まさに「多元改修」の最中でした。

そのキーパーソンが、管理組合の修繕担当理事・橋本友希氏です。橋本氏は、大手不動産会社に三一年勤務し、超高層建築や集合住宅の設計に携わり、再開発事業ではマネジメント業務も担当しました。タワーマンションの住民で、建築の設計、管理運営のプロフェッショナルでもあります。理事のなり手がいない状態を憂え、「現状を放置していたら取り返しがつかなくなる」と一肌脱いだのでした。

外壁補修に「元施工」の大手ゼネコンを巻き込む

橋本氏は、工事費用を勘案してさまざまな修繕、改修工事に優先順位をつけ、多元的に取り組んでいました。橋本氏が語ります。

「ご多聞にもれず、うちも修繕積立金が足りませんでした。住戸一平米当たり一三〇円ぐらいで設定されていました。外壁の大規模修繕が決まった段階で、これを国交省の標準値にちかい二〇六円に上げました。八〇平米の住戸で年間二〇万円、マンション全体で二億円の積立金です。一〇年蓄えたら二〇億円。それでもヒーツの更新で飛ぶ金額です。やはりランニングコストを抑えなくちゃいけません。それで共用部分の照明をＬＥＤに変え、空調のエアコンも省エネタイプに交換しました。外壁よりも先にやりました。年間の電気代は、一億一〇〇〇万円から六〇〇〇万円に下がります。一五年間で七億円以上浮くだろうと見込んでいます」

太陽光発電も検討したのですが、設備を置く場所がなく、断念したそうです。

外壁の大規模修繕については、当初、理事会の意見が割れ、実施時期さえ決まっていませんでした。マンションは一〇年間の瑕疵担保が保証されていました。管理組合は、二〇一二年に改修専門の建築コンサルタントを入れて、五〇階建て二棟の外壁タイルの浮きや、地下の防水を調査します。不具合があれば事業主の不動産会社が費用を負担して直しました。

調査を通して躯体の傷み具合が把握でき、各戸のベランダ防水の必要性が浮上します。住民の間に外壁修繕への意識が高まり、翌一三年に修繕委員会が立ち上がり、橋本氏が理事に就いて修繕工事のプランが作成されたのです。

外壁の修繕工事は、基本設計─実施設計─施工業者の選定─着工─竣工のプロセスをたどります。一般のマンションの工期は半年、せいぜい一年程度ですが、超高層の工事面積はとてつもなく広く、二年、三年かかります。膨大な工事の質を高く保つ鍵は、元請けと下請けの施工体制です。全国的に超高層マンションの大規模修繕はまだ始まったばかりです。コンサルタントの「設計監理」には不安な要素が多々ありました。

そこで管理組合と橋本氏は、発想を転換します。建築コンサルタントと手を切り、「元施工を大規模修繕工事の元請けに据える」ことにこだわったのです。

元施工とは、タワーマンションを建設した大手ゼネコンを指します。ゼロから建てた大手ゼネコンは建物のことをよく知っており、責任もあるのだから修繕工事の元請けに入ってもらおう、と考えたのです。

「住民が元施工の大手ゼネコンの参加を望みました。ここは「二〇〇〇年仕様」を基本構想に建てられています。鉄筋にコンクリートをかぶせた厚さ(かぶり厚)も、一般のRC造は四センチですが、六センチにしてあります。二センチの違いだけれど、二〇〇年、大丈夫だと。巨大地震でも倒れない構造設計がされています。二〇〇年、建物を維持していくには元施工の協力が不可欠です。元施工が外れたら、責任の所在が不明確になる。たしかに元施工を入れたら間接経費がかさむので、工事費は改修専門の施工会社より二割高くなります。それでも、二〇〇年後まで元施工に面倒をみてもらうべきだ、と住民の意見は一致しました」

とはいえ、大手ゼネコンにとってマンションは建てておしまい、手離れのいい案件です。利益の薄い修繕には興味がありません。スーパーゼネコンでマンション改修の施工子会社を持つのは清水建設ぐらいです。ここの元施工は別の会社でした。東京五輪関連の施設建設に追われる元施工がはたして振り向いてくれるのか、確信はありませんでした。

住民は手を尽くして元施工を説得します。最終的に「二〇〇年仕様」の責任の重さで大手ゼネコンは重い腰を上げ、修繕の元請けを引き受けました。コンサルタントを外し、大手ゼネコンの「責任施工」で外壁の修繕を行う体制が敷かれたのです。

超高層独特の「ひび割れ」二〇〇年スパンで修復

大手ゼネコンを元請けにするメリットは、施工の品質を高める点にあります。ただし、実際に修繕工事を行うのは、タイル補修や塗装、防水のシーリングなどの専門工事会社です。大手ゼネコンが「親」に入ると「子」の何が、どうレベルアップするのでしょうか。

「大手ゼネコンは修繕でも、新築用の工事管理システムを使います。たとえば安全管理の面では高水準を求めます。現場で釘一本落としてもいけない。足場も安全基準に合う作り方をするので、事故が少ない。それに元施工が入れば、必然的に建物を設計した大手設計事務所もデータの提供や、修繕方法の相談に応じます。専門的な知見が結集できるのです。残念ながらほとんどの改修専門の建築コンサルタントは、超高層の知識が足りない。とくに建築構造に関しては素人同然です。外壁の「ひび割れ」ひとつとっても、見通しが甘いですね」

ひび割れにも経年劣化で生じた表面的なもの、地震による割れ、震動で割れてもとに戻っているもの……とさまざまです。なかでも注意を要するのが「貫通クラック」と呼ばれるひび割れです。表面から裏側まで抜けた貫通クラックは割れ幅では判断しにくい箇所もあります。

「湾岸の超高層マンションのなかには、建築コンサルタントの判断で、〇・二ミリ以下のひび割れを直していないところもあります。小さなひび割れでも、なかまで貫通していたら台風の強い圧力を受けると雨水が浸みこむ。鉄筋は太く、なかなか錆びませんし、躯体への影響はすぐには出ないけれど、一旦、水が建物の内部を回ると、どこでどんな不具合を起こすかわかりません。二〇〇年単位で考えれば、ひび割れは徹底的に修復したほうがいい」

やや専門的になりますが、超高層のひび割れは低層、中層、高層で生じ方が異なります。概して改修の建築コンサルタントは、特定のフロアを調べて全体を推量します。一層に八〇箇所のひび割れがあれば、それに全階数を掛けるやり方です。これにも橋本氏は異を唱えます。

「建築構造的にみて、東日本大震災で、このタワーマンションの上層はあまり変形していません。変形したのは五階、六階、七階、八階と、一五階あたり。そこのひびは多く見積もったほうがいい。逆に他の階は少なくていい。そういう構造上の負荷がかかっているんです」

超高層の外壁修繕で、しばしば話題に上るのが、作業用の仮設足場の組み方です。風の強い高所に足場を設けて作業をするのは危険が伴います。壁面にゴンドラを吊って作業をするシステムが一般化しています。

ただ、摩天楼に似た尖塔《せんとう》型や、東京都庁舎のように凹凸の多い超高層建物はゴンドラを吊りにくく、てっぺんに登って作業をする命知らずの職人もそうそういません。別の方法を編み出さなくてはならず、足場もオーダーメイドの対応が求められています。

コストだけを考えれば、一四階あたりまで仮設足場を組み、それ以上の階をゴンドラでカバーするのが妥当といわれます。しかし、このタワーマンションでは足場は最高で五階まで、ほとんどをゴンドラ作業で行うと決めました。

「足場を高くしなかったのは、安全重視だけでなく、住民への圧迫感を考慮したからです。足場を高く組んだら低層階のお宅はずーっと長い間、窓の向こうを塞がれてセキュリティの問題も出てきます。防犯カメラをつけても、足場があれば上ってこられますからね。ベランダの防水工事では、各戸に置いてある植栽を事前に片づけてもらうのに苦労しました。自室に入れるか、共同の仮置き場に持っていけばいいのだけど、留守があるでしょ。いついつ防水工事が入るのでカーテン閉めてください、と通知しても、植木は出しっ放し。たかが植木と思うかもしれませんが、勝手に動かせないし、作業は滞るし、周知徹底に骨が折れます」

と、橋本氏は述べました。

巨額の工事発注の「透明性」を保つ

管理組合が最も気を配ったのが、工事発注の「透明性」を確保することでした。数十億円のお金が動く、超高層の多元改修では、理事長に業者が群がります。狙われるといっても過言ではありません。キックバックをチラつかせて「落とし」にかかります。過去には「業者からの売り込み話はぜんぶおれに持ってこい」と嘯《うそぶ》く管理組合理事もいたようです。

理事による業者の紹介は諸刃の剣です。ステータスの高い住民が多いので豊富な人脈を生かせば、適材適所の業者を選べます。半面、理事のモラルが下がれば紹介料という裏金が飛び交います。いったん透明性が損なわれると、立て直すのは至難の業です。

そこで管理組合は、ルールをつくりました。一〇〇〇万円以上の修繕工事は、原則的に元施工の推薦業者と、業界最大手、理事紹介の三社を呼び、それぞれに現地調査を要請したうえでプレゼンテーションの場を設ける。その場に業者を紹介した理事も招き、橋本氏ら七人の修繕委員が技術論とコスト管理面から徹底的に精査することにしたのです。

「厳しい質疑を通して、紹介料のやり取りがいかにみっともないか、紹介料の授受が約三〇〇〇人の住民に知れたら本人も業者も社会的立場を失うことを強調しました」と橋本氏。理事たちにモラルの徹底を刷り込み、共同体の規範を浸透させました。

さらに工事費が三〇〇〇万円以上の修繕については住民総会での発注承認を義務づけました。外壁の大規模修繕では、月に二回、元施工の大手ゼネコンと修繕委員会の「工事連絡会」を開き、進捗状況とともにお金の動きも確認します。大手ゼネコンの責任施工にしたのは理事や修繕委員への業者からの「余計なアプローチ」を防ぐためでもありました。大手ゼネコンの厳密なコスト管理を不正の防波堤にしたのです。

照明のＬＥＤ化は、透明性を貫けるかどうかの試金石でした。住民のなかには電機メーカー、光学機器会社、量販店の役員や学識経験者がごろごろいます。「うちの商品を使ってほしい」「品質には自信がある」とあちこちから「推薦」の声が上がります。電球をＬＥＤに交換するといっても予算は一億円。年間の電気代を五〇〇〇万円減らす大工事です。

審判役の橋本氏は、「推薦したい方は申し出てください」と全方位で受けつけました。住民推薦で一〇社ちかくの製品がリストアップされる傍ら、橋本氏は「与件書」を作成します。交換するＬＥＤに必要な機能、デザイン、価格帯の条件を綿密に記しました。

一階のエントランスは、温もりのある特殊な色温度の照明を使っています。色温度とは、光源が放つ光の色を数値で表わしたものです。その色温度のＬＥＤでなければふるい落とします。選択のポイントは「調光」ができるかどうかでした。調光可能なＬＥＤは限定され、推薦段階の百家争鳴状態にピリオドが打たれ、一つの製品に絞り込まれたのでした。

次々と迫る多元的な改修

二年にわたる外壁修繕は無事に終了しました。多元改修は、厄介な水回り、給排水管を視野に入れた次の段階に移ります。ゲストルームの大きなジャグジーは水漏れが生じていました。

ジャグジーの稼働率は、一五年間で九九パーセント。住民の予約は引きも切らず、フル稼働した反動が出ているのです。漏水の報告も届いています。

排水管のメンテナンスは「やってみなければわからない」部分もあります。

橋本氏のタワーマンションは、柱・梁・床の構造躯体と、住戸の内装や設備を分離した「スケルトン・インフィル（SI）」と呼ばれる工法でつくられています。SIマンションは、躯体を長持ちさせて内装や間取りは状況に応じて変化させられます。二〇〇〇年仕様の根幹です。

SIでは給排水管やガス管を縦に通すパイプシャフトが共用部分に設けられていますが、低層の集会室に差しかかると水平にちかい勾配の配管もみられます。この部分の排水が滞ると腐食が始まり、動脈硬化のような現象が起きます。排水管は見えない老化が進んでおり、専門的な調査が必要なのです。

二〇億円規模のヒーツ更新も避けて通れません。高速エレベーター、インターネットシステム、庭園の植栽の管理……と、次々に多元的な改修が迫ってきます。

橋本氏は、こう力説しました。

「超高層マンションの維持管理は特殊な世界です。概念を変えなくてはいけない。建築と、複雑な設備、両方を掌握できる専門家はどこを探してもいません。本当は〝タワーマンション・マネージャー〟と胸を張って言える人が求められているけど、いないんです。一棟ずつ、全然、状況が違うので、維持管理の安易な標準化は危険ですが、それでも知識を集めて、修繕・改修のガイドラインを早くつくったほうがいい。最低限、建物と設備の修繕履歴が世代を超えて伝わるシステムが必要です。そのためには、超高層を建てた元施工の協力が欠かせません。元施工は、どこにどんな設備が入り、配管がどう通っているか、知っているのですから。元施工の役割は重要です」

国交省は、タワーマンションの維持管理ガイドラインづくりを始めてほしいものです。それは、容積率を緩和し、補助金を投入して「都心回帰」の旗を振ってきた行政の責務でしょう。

市街地再開発マンション、上層と低層で別々に大規模修繕

市街地に建てられた超高層マンションのなかには、再開発時の「既得権」を引きずったルールが存在し、共同体の一体性を保ちにくいケースもあります。再開発前の地主の権利が手厚く守られ、住戸を買って入った新住民との間に溝が生じているのです。

いわゆる「市街地再開発事業」は、「低層の木造建築物が密集し、細分化された土地を統合して、不燃の高層マンションと公園や街路といった公共施設、オープンスペースの確保を一体

的、総合的に行うこと」とされています。消防車や救急車も入れない、路地が入り組んだ災害に弱い地域を、安全で環境の良いエリアに変える重要な役割を担っています。しばしば駅前の木造が集まる商店街の再開発に利用されてきました。

そのイメージは、まず木造密集地帯の地権者たちが土地を提供し、ひとまとまりの大きな開発地にします。事業前の権利に応じて権利変換を行い、再開発で建設された高層マンションの敷地・床が元地権者に与えられます。これが「権利床」です。元地権者たちは権利床で自ら商売を営んだり、店舗や事務所のテナントに賃貸したりできます。

一方、建物の高度化で新しく生み出された不動産価値＝高層マンションの敷地・床を「保留床」といいます。こちらは事業施行者が権利変換後に手にします。保留床は、たいてい新規の分譲住戸として販売されます。

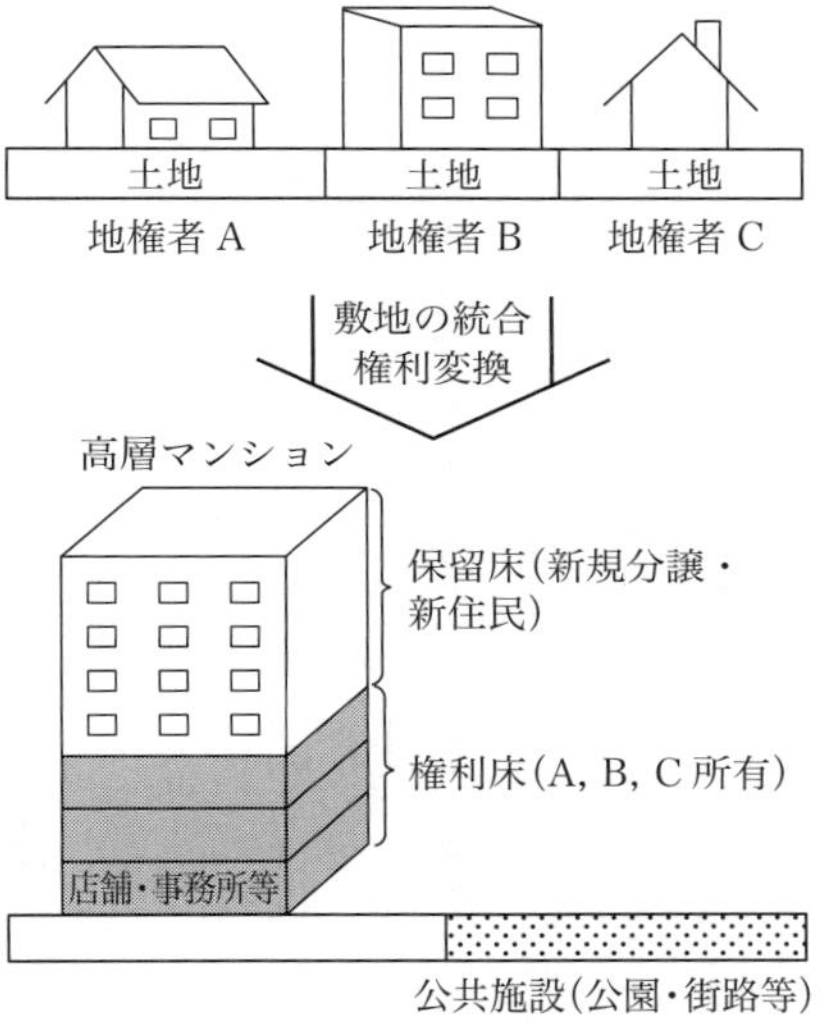

図 4–3　市街地再開発のイメージ

事業施行者は、保留床の売上げや行政の交付金を建設費用に充てます。多くの場合、地権者が五人以上で共同の「再開発組合」を設立して事業施行者となり、地方公共団体や地方住宅供給公社、UR都市機構などが加わって市街地再開発事業は進められてきました。

しくみだけをみれば、市街地再開発は街の安全と環境を再生する貴重な手法と映ります。

ところが、再開発で建った超高層マンションを買って入居してみると、圧倒的多数の新住民よりも元地権者の権利のほうが強く、維持管理の合意形成に支障をきたす、という例もあるのです。横浜市の京浜急行電鉄・上大岡駅に近いタワーマンション(三〇〇戸・二〇〇三年末竣工)も、その一つです。二〇一五年の初夏、このタワーマンションの外壁の大規模修繕の相談を受けた改修技術者は、「うーん」と唸り、しばらく考え込みました。

改修技術者が頭を抱えたのは、同じ管理組合なのに、地下一階〜地上四階の店舗や事務所は「施設部会」、地上五階〜三〇階のマンションは「住宅部会」を組織し、考え方がまったく違っていたからです。外壁の大規模修繕は、住宅部会だけで実施するというのです。

「四〇年ちかく建物改修にかかわっていますが、こういうケースは初めて。低層階には作業に必要な仮設足場も掛けられません。機材の搬入や、対立する関係者間の連絡、調整を考えると気が遠くなった。でも、挑戦のしがいはありましたね」と技術者はふり返ります。

管理組合には二人の理事長がいます。住宅部会長と施設部会長です。マンションと商業施設、それぞれの代表者を理事にしています。コミュニケーションが円滑にとれていればいいのですが、そうではありませんでした。

大規模修繕を行う住宅部会長は、「生活の質を保ちたい住宅と、営利目的の商業施設の意見が合わないのは入居当時からですよ」と言います。施設部会の関係者は、「住宅部会長は十数年も同じ人がやっていて独裁的」と批判します。対立の源は再開発の過程にありました。

多数の住民よりも少数の商業施設権利者の議決権のほうが重い？

タワーマンションがある上大岡駅前の市街地再開発事業が都市計画決定されたのは、一九九七年。この年、国は「高層住居誘導地区」を導入し、建築基準法も改正して容積率を大幅に緩和しました。超高層化の道が開かれ、上大岡駅前の再開発も動きだしたのです。

上大岡では、元の地権者と横浜市住宅供給公社が市街地再開発組合を結成し、事業に取り組みます。権利変換を経て、新築された超高層ビルの保留床(五階以上)は横浜市住宅供給公社がいったん保有し、マンションとして新規分譲しました。

と、ここまでは市街地再開発の手順どおりです。しかし、マンションの維持管理のルール集ている「標準管理規約」はじめ一般的なものとかなり異なっていました。一番のポイントは、新規入居者が受け取った管理規約の「管理者」のところに株式会社上大岡都市開発という会社名がすでに書き込まれていたことです。

管理者は、居住者全員の共有財産を保存し、集会の決議を行い、規約で定められたことを行う権利と義務を負います。年に一回、住民総会を開く、区分所有者全員の代理です。

ふつう、マンションの管理者は管理組合理事長が務めます。新築分譲で入居者が集まったら、管理組合の設立総会を開き、理事長ら役員を選出して管理規約を議決します。理事長が管理者を兼務し、日々の管理業務は管理会社に委託されます。

そうしたステップを踏まず、規約の管理者に上大岡都市開発の名前が記されていたのです。上大岡都市開発は、再開発組合の主な権利者が株主となって設立した会社でした。

国交省の標準管理規約第四二条には「理事長は、区分所有法に定める管理者とする」と明記されています。区分所有者の代表でもない管理会社の名前が前もって管理規約に記されているのは非常に珍しいことです。

ただし、違法ではありません。区分所有法第二五条には、「区分所有者は、規約に別段の定めがない限り集会の決議によって、管理者を選任し、又は解任することができる」と記されているだけで、管理者の要件は規定していません。個人でも、法人でも、非居住者でも管理者に就ける余地はあります。投資型のリゾートマンションで区分所有者が全国に散らばっていて維持管理が難しい場合などは、管理会社が管理者を兼ねています。

とはいえ、新築のファミリータイプのマンションで、管理会社を管理者に既定するのは異例です。新住民たちは承服できませんでした。管理組合が、商業フロアの元地権者で構成する施設部会と、マンション住民の住宅部会に分かれているのは仕方ないにしても、共有財産の処置を見ず知らずの会社に一任するのは納得できません。

管理規約の別の条項には、住宅部会は独自に管理者を選任できる、と読み取れる内容も記されていました。住民総会は紛糾します。住宅部会は独立して運営し、管理者を別に置くとする議案を提出しますが、なかなか採決されません。四回目の総会で住宅部会は上大岡都市開発との管理業務委託契約を解除し、独立系の管理会社に置き換えました。

住宅部会長たちは、不可解な管理規約を改正しようと思い立ちます。ところが、施設部会が反対したら未来永劫、管理規約を改められない縛りがかかっていました。

議決権の比率が、住宅部会四五パーセントに対し、施設部会五五パーセントと決められていたのです。地下一階から四階の施設部会のほうが、五階から三〇階の圧倒的多数の住民よりも議決権をたくさん持っています。これも、にわかには信じられない決まりです。

区分所有法には「各共有者の持分は、その有する専有部分の床面積の割合による」とされています。ほとんどのマンションは各区分所有者が持つ住戸一戸につき一票の議決権を定めています。なぜ、このような少数派が多数派に優越する議決権になっているのか。私も釈然とせず、マンションを分譲した横浜市住宅供給公社に疑問をぶつけました。

「都市再開発法で（分譲されるより先に開発主体が管理規約を定めるのは）認められています」と短い答えが返ってきただけでした。おそらく、超高層マンションの床面積ではなく、もともと地権者が所有していた底地の広さを考慮して、このような配分にしたのでしょう。

地権者は数十人、マンション住戸は三〇〇、約一〇〇〇人が生活しています。どちらの権利が重いのか。NPOかながわマンション管理センター理事長・松野輝一氏は指摘します。

「市街地再開発組合が事業を施行している間は、地権者の土地の持ち分で権利を決めていいんですよ。問題ない。でも、マンションが完成して区分所有建物になれば、区分所有法の考え方に切り替えなくてはいけない。それができていない。これだけの数の人が区分所有者で入って住んでいるのだから議決権に反映されなくてはおかしい」

上大岡のタワーマンションでは住宅部会と施設部会が折り合わず、外壁の大規模修繕は五階以上で実施されました。低層の商業施設は遅れて外壁の修繕を行っています。

住宅部会の施工を管理した一級建築士は、工期一一カ月、費用四億五〇〇〇万円をかけた修繕工事の苦労をふり返ります。

「事前に問題点を全部洗いだして、一つずつクリアしました。低層の商業施設の敷地は工事に使えませんから、ゴンドラなどの機材は、店舗の営業が終わり、バスの運行が止まった深夜から明け方にかけて、目の前の幹線道路のバス停からクレーンで吊って五階の屋上に搬入しました。バス会社、電鉄、警察、各方面に連絡して許可を取るだけでも一苦労です。四階と五階の間の商業施設と住宅の境界も曖昧だったので、工事を進めながら、一々確認をして明らかにしました。とにかく、対話と連絡、調整に忙殺されましたね」

市街地再開発で建設された超高層マンションのほとんどは、低層に店舗や事務所が入っています。元地権者の権利床です。彼らと新たに入った住民の権利のバランスは取れているでしょうか。不均衡だと、将来、維持管理が停滞し、空室率が高まると管理費や積立金の使い方、対処法をめぐって亀裂が生じかねません。

外壁の大規模修繕は、洋の東西を問わず、維持管理の重要なファクターです。その方法に不備があれば、ときには生命の危機を招きます。イギリスの超高層公営住宅で発生した大火災を覚えているでしょうか。

ロンドン、広島、東京、所沢……超高層火災の怖ろしさ

二〇一七年六月一四日未明、ロンドンの超高層住宅「グレンフェル・タワー」(二四階建て・一二七戸・一九七四年竣工)の八階から出火し、瞬く間に建物は炎に包まれました。ここも一〜四階は商業施設で五階以上が公営住宅です。火元は冷蔵庫の爆発と報告されています。冷蔵庫に使われている可燃性の冷媒が漏れ、何らかの影響で発火したと考えられます。

炎は、大規模修繕を終えたばかりの外装材、断熱材を激しく燃焼させて上階へ駆け上りました。外装材に可燃性の材料が使われていたために建物は火だるまとなり、七〇人以上が亡くなりました。タワーの住民は低所得層が多く、不法入国した移民もいて被害の全容は解明されていません。

住民たちは屋内階段を降りて地上に避難しましたが、逃げ遅れて両手に子どもを抱いて飛び降りる人もいました。避難経路の少なさも被害を拡大させています。

イギリスの公共放送BBCは、住民団体「グレンフェル行動グループ」が地下ボイラー室やエレベーター管理室などの消火器の使用期限がとうに切れていたことから火災リスクの高さを

訴えていた、と報じています。住民団体は、二〇一六年一一月、ブログに「破局的な出来事が起きない限り、タワーの危険な生活は終わらない」と書き込んでいます。

タワーの維持管理は、地元ケンジントン・アンド・チェルシー王室特別区と入居者管理団体が担当していました。ロンドン警視庁は、王室特別区と入居者管理団体に「過失致死を疑うに妥当な根拠がある」と通告し、捜査に乗り出しました。

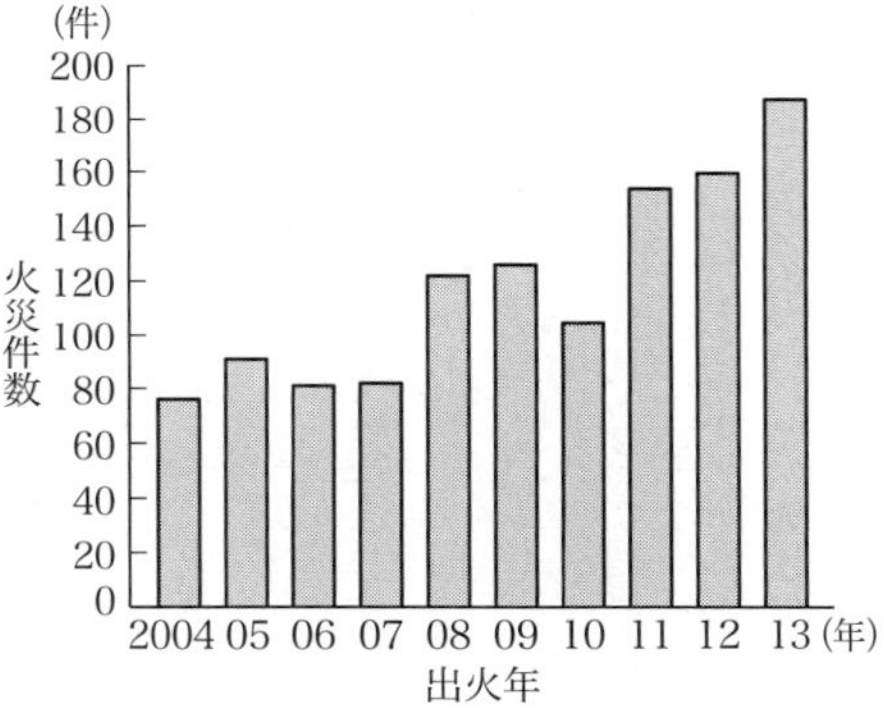

出所：東京消防庁　高層化する建築物における防火安全対策

図 4-4　15 階建て以上の建築物の火災件数

日本でも超高層の火災は起きています。一九九六年に広島市中央区の二〇階建てのマンションの九階で火事が起き、バルコニーの目隠し用のアクリル板などを伝って干していた洗濯物に燃え移り、最上階まで延焼しました。この火災以降、外壁に燃えにくい部材を使用することが徹底されています。

ただ、その後も高層建物での火災は増えています。東京消防庁の「高層化する建築物における防火安全対策」によれば、超高層の建設が本格化した二〇〇〇年代に入って、一五階建て以上の建築物の火災は増加し続けています。〇七年からわずか五年で倍増しているのです。

二〇一五年三月には、東京都千代田区の二五階建て高層複合施設の二〇階住戸から火が出て、七〇平米を焼き、三人が負傷しました。低層階の保育園にいた大勢の園児の避難で、あたりは騒然とした雰囲気に包まれます。火災はポンプ車約四〇台と、東京消防庁装備部航空隊のヘリコプター一機が出動し、約三時間後に消し止められました。

東京消防庁のはしご車は三〇メートル級と四〇メートル級だけです。二〇階には届きません。消火活動は、住民たちが日ごろの防災訓練どおりに初期消火に努めて火元の延焼を食い止め、駆けつけた消防士にバトンタッチされました。消防士は、非常用エレベーターで二〇階に急行し、地上の送水口に接続したポンプ車の水を受けて火を消したのです。

翌一六年二月、埼玉県所沢市の三一階建てマンションの一五階で出火しました。火元の八二平米の住戸を全焼し、約五時間半後に消し止められています。負傷者は火元の夫婦だけで命に別状はありません。消火に長い時間がかかったのは、消防士の「失敗」のためでした。

消防士がポンプ車のホースを地上の送水口につないだのはいいのですが、上層階へ水を送る口ではなく、地下二階の住民用トランクルームに送水する口でした。一時間半にわたって一三〇トンの水が地下二階に放水されたからたまりません。トランクルーム四九〇平米が浸水してしまいました。超高層マンションの設備の複雑さが招いた二次被害といえるでしょう。

地震で孤立するタワーマンション

巨大地震への不安が脳裏をよぎります。

震災時には自衛隊が出動するとはいえ、単発の火災への消火、救援活動が維持できるでしょうか。東京都内に限ってみても、超高層マンションは四四一棟、約一四万戸で人びとが暮らしています（二〇一八年一〇月末現在）。東京消防庁のポンプ車、はしご車、化学車、救急車、救助者などの消防車両は約一九〇〇台。「高さ」に強いヘリコプターは八機。海や川から災害に対応できる消防艇は一〇隻しかありません。

巨大地震が起きると超高層マンションは、ライフラインが止まり、孤立します。タワーマンションの耐震性能は高く、倒壊の恐れはないとされていますが、「ゆっくり、大きく、長い時間」揺れます。前に紹介した超高層建築のプロ、橋本友希氏は、著書『タワーマンションの真実』（建築画報社）に次のように記しています。

「ガタガタと揺れて食器棚から食器が飛び出すという状況よりも、柱が上下に変形することで、比較的小さいと思われる地震でも床が少し傾き、食器棚自身が倒れる危険性の方が高くなります。そのため、食器棚や家具を天井や壁などに強固に固定する必要があります」

「傾き」に対する「滑り」や「落下」の防止が先決だといいます。

「地震時の建物外部周辺は、必ずしも安全とはいえません。ガラスやタイルの落下など生命に危険がおよぶことも考えられます。むしろ建物内に留まる方が安全です」(前同)

もう一つ、孤立化を招く要因があります。地震による地盤の液状化現象です。液状化によって道路は泥沼と化し、建物は傾き、下水道管が浮き上がったりします。交通は途絶します。東京都は、二〇一三年に「東京の液状化予測図」を発表しました。これを見ると湾岸エリアがいかに「液状化の可能性が高い地域」であるか一目でわかります。

東日本大震災の発生直後、三〇階、四〇階の住民が重たい水や食料をリュックに背負い、全身汗まみれになって階段を昇り降りしている姿がメディアで報じられました。若くて元気な世代はいいけれど、高齢者や子どもはどう対応すればいいのか。超高層の「不都合な真実」に耐えられる準備と覚悟が住民にも行政にも求められています。

第５章
コミュニティが資産価値を決める

1890 年代に建てられたスウェーデンの集合住宅．いまも現役

日本では、なぜ国民が住宅を持って資産を失うのか

建物が歳月とともに傷むのは世界中、どこも同じです。日本のマンションの老朽化と似た傾向は、欧米の先進国はもとより、経済成長著しい中国や、ロシアの集合住宅でも表われています。そこで、経年劣化する建物を維持管理し、計画的に改修してストックとして長く使うか、それともスクラップ&ビルドでフローの経済効果を追うか。対応は大きく二つに分かれます。欧米は前者で、日本は後者です。

一章の「日米の住宅投資額累計と住宅資産額」のグラフ(四二頁)をもう一度、ご覧ください。米国は投資額に見合った住宅資産額が蓄積されていますが、日本は投資額のほぼ半分のストック額しか積みあがっていません。住宅を持って資産を失う。この差は、どこからくるのか。

欧米では、原則的に土地と住宅を「不可分一体の不動産」とし、居住と都市の環境熟成、ストック重視の都市計画を実行しています。かたや日本は、土地と住宅を「別々の不動産」として環境形成と住宅建設を切り分け、業界が潤うスクラップ&ビルドを推し進めてきました。先進国で土地と住宅を別々の不動産としているのは、日本と、日本の影響を受けた韓国、台湾ぐ

らいだといわれます。日本では新築が過剰に市場に投入され、既存住宅の価値が下がる。元建設官僚でＮＰＯ法人住宅生産性研究会理事長の戸谷英世氏は、こう記しています。

「欧米では、住宅不動産は基本的に土地と建物一体で、法定都市計画として決められた三次元空間に歴史軸を加えた四次元空間として維持管理し、計画修繕し、用途変更をしても半永久的に使い続ける空間と捉えているのに対し、日本では、三次元の立体空間を形成する「もの」として扱い、土地は不変の不動産、建築物は耐久消費財的不動産として捉えて、スクラップ・アンド・ビルドの対象と考えてきた」（『フローの住宅・ストックの住宅――日本・アメリカ・オランダ住宅比較論』井上書院）。

住宅の消費財的見方を後押ししたのが、税法上の「減価償却」の考え方です。日本では木造二二年、鉄筋コンクリート造四七年の法定耐用年数が決められており、それを過ぎるとあたかも建物の寿命が尽きるかのような錯覚が定着してしまいました。年月とともに住宅の価値が目減りするととらえ、新築の販売を優先します。新築物件には過大な広告・宣伝、間接経費が投じられ、それらも住宅価格に反映されて販売される。水膨れした価格で住宅を買った消費者は、何十年も住宅ローン返済の重荷を背負います。

日本の建設官僚が制度設計の手本にした英国では、住宅は減価償却の対象になっていません。

米国では住宅も減価償却されますが、売買契約を交わす際、買主が「インスペクション（建物の調査診断）」を行い、品質基準を満たすための修繕が前提となります。低劣な住宅は淘汰され、結果的に中古住宅でも高い品質が維持され、資産として蓄積されるのです。

日本が土地と住宅を別々の不動産にしてきたのは、巨大地震などの災害で、土地の「上物」の住宅がしばしば滅失してきたこと。狭い平地に多くの人口が集中し、土地の利用価値が相対的に高いこと。戦後の住宅不足で粗末な建物が大量につくられ、その更新が急がれたことなどから「土地こそ資産」という考えが強いからだと思われます。文化、社会、経済、教育……さまざまな面で土着化したしくみを変えるのは容易ではありません。

しかし、建物のスクラップ&ビルドは、社会的費用を増やし、負担を国民に押しつけます。少子化、高齢化による人口減少社会が、居住を維持安定化させるには、住宅が資産となる方向への転換が必要なのです。

長く住み続ける工夫が未来を変える

話をマンションに戻しましょう。世界的に集合住宅の「大量供給（マスハウジング）」が始まったのは第二次大戦以降でした。戦争で住宅が破壊される一方、戦災を受けなかった国々でも、戦中は生産活動が滞って住宅建設が進みませんでした。終戦後、出征兵士が帰還し、新しい家庭をつくると住宅が大幅に不足します。

欧米では、日本よりも早く、マスハウジングが本格化し、団地があちこちに建設されました。一九六〇〜七〇年代にピークを迎えます。やがて需要が満たされると、住宅建設は「量」から「質」へと大きく転換しました。画一的で巨大な建物は人間のスケール感に合わないと嫌われ、中低層の多様なデザインが採用されます。日本と同じ敗戦国のドイツでは、大規模な団地は「草原内のサイコロ」「人間軽視の産物」と批判され、新築は減って、既存住宅の「再生(リノベーション)」が主流となりました。

地震が少なく、石造りと木造が地域特性に応じて受け継がれてきた欧州では、建物に手を入れて長く使う文化が根づいています。以前、団地再生の取材で訪ねた北欧では「初代が家を建て、二代目が家具をそろえ、三代目が食器を整える」と教えられました。三代、一〇〇年かけて住まいも成熟するという哲学が浸透しているのです。

一方、地震が多く「木と紙」で家を建ててきた日本は、戦後、急ごしらえの劣悪な住宅が大量供給されたために短期間でのスクラップ&ビルドが推奨されます。国交省が二〇〇六年に発表した「滅失住宅の平均築後経過年数」は、日本三〇年、米国五五年、英国七七年。建てたから壊すまでにこれだけの差があるのです。

さらに二〇一六年の国交省データでは、「住宅投資に占めるリフォーム投資の割合」が、日本二八・五パーセントに対し、英国五五・七パーセント、フランス五三パーセント、ドイツ七三・八パーセント。日本は新築に偏り、建物の改修・改築に極めて消極的です。中古住宅の流通シェアの低さと合わせて、日本の不動産・建設業界がいかに「新築・売り抜け」に依存しているかおわかりいただけるでしょう。

しかしながら、戦後、七十数年が経ち、住宅の質はかなり向上しました。鉄筋コンクリート造のマンションは地震に強く、給排水管など設備のメンテナンスを怠らなければ長もちします。給料が右肩上がりの高度成長期には、賃貸アパートを振り出しに所帯を持ったら賃貸マンションに移り、しばらくして分譲マンションを買う。さらに戸建てに住み替えるという「住宅すごろく」が機能していましたが、それは過去の話。マンション居住者の永住意識は年々高まっています。

もはや、長く住み続ける工夫なくしてマンションの未来はないのです。スクラップ&ビルドから、三代・一〇〇年への転換が求められています。そこに気づいたマンション住民は、自力で「二つの老い」を乗りこえ始めました。

次の世代に住み継ぐ芽が吹いてきたのです。そのいくつかをご紹介しましょう。

集いのスペースを増やし、井戸を掘り、住民間の対話で楽園化

京都市右京区西京極に「二つの老い」に苦しむ住民の「駆け込み寺」のようなマンション管理組合があります。自分のマンションの管理に危機感を抱いた住民が、悩んだ末に相談に行くのです。回答が住民目線でわかりやすく、現実的と評判です。

その駆け込み寺は、ルミエール西京極。一九八三年竣工の七階建て、一八三戸のファミリータイプのマンションです。ルミエール西京極は、常識にとらわれない「大規模改修」を二度行い、建物と共同体の再生を重ねています。大規模修繕と呼ばないところがミソです。

一九九六年、初回の大規模改修では、外壁や屋上防水の修繕だけでなく、白いタイル張りの殺風景だった中庭に欅《けやき》の木を植え、自然石のベンチも置いてシンボル的な空間を創出しました。この中庭ではジャズバンドや吹奏楽の演奏会、ジャグリングや手品の大道芸が催され、住民総会も開かれます。

二〇一一～一二年の二度目の大規模改修では、建物のメンテナンスや設備の更新に加え、アトリウムをウッドデッキに替えて開放的な扉を付け、集会所を誰でも使える「交流室」に改築。

全面ガラス張りにしました。交流室は、マンションの子どもと近所の子どもの遊び場になり、PTAの会合や、朗読会、紙芝居の集まりにも使われています。くつろいでコミュニケーションができる集いのスペースが続々と誕生しているのです。

深さ五一メートルの井戸も掘りました。全戸の住民が日常的に使いながら、災害に備えています。山に囲まれた京都盆地は、地下が巨大な水がめのような地質構造になっており、琵琶湖の水量に匹敵する良質な水が蓄えられています。自然の恵みを活用しているのです。

マンションの東、数百メートルには桂川が流れています。大雨で何度も堤防が決壊しそうになりました。地震のリスクも高まっています。もしも災害が起きて電力供給が止まっても、関西電力の送電が復旧すれば電柱の変圧器から直接、井戸のポンプに配電できる装置も備えています。ゆくゆくはバイオマスでの自家発電も、と発想は広がります。

さらに管理組合はマンションに併設された店舗や事務所を買い取って会議室につくり変えました。矢継ぎ早に改良策を実施しています。修繕の域を超えた改良の手を次々と打っているので「大規模改修」と呼んでいるのです。

しかも、数々の改良事業は、ルミエール西京極の住民自身が発案し、計画を立てて実行しています。なぜ、住民がこのような事業を遂行できているのでしょうか。

先回りして言えば、管理組合を運営する「理念」と「執行体制」の両輪が備わっているからです。ここの管理組合は、住民が嫌々かかわるボランティア組織ではなく、プランを立てて問題を解決する経営体に似ています。経営といっても、目的はお金儲けではなく、「無事(生命と安心)に暮らせる環境」づくりです。居住価値の向上と言い換えてもいいでしょう。そのために「管理組合法人」による「自主管理」を貫いています。

管理組合の法人化は、二つの老いを乗りこえる重要なファクターなのです。ルミエール西京極管理組合法人理事で、大規模改修を先導してきた丸橋次生さんは、次のように回想します。

「築後一〇年の一九九三年、三八歳のときに管理組合の理事長を任されました。外壁塗装や防水の修繕が視野に入ったころです。同世代で、マンションの将来を真剣に議論できる仲間が何人かいましてね、夜な夜な酒を酌み交わして話し合った。管理組合団体のNPOに、知識や情報のサポートをお願いしました。結局、自分たちの家なのだから他人任せにせず、自分たちでアイデアを出して改良したら楽しい、先々を見通せる、と思い至りました。ただの修繕では代わり映えしません。寂しいですよ。温泉を掘ろうとか、エレベーターから滝を落とそうとか、破天荒なアイデアも出ましたねぇ(笑)。夢は夢として、できるところから手を付ける。新しく改良すれば、他の住民も、オッ、いいスペースができたな、きれいになったな、何かやってみたいな、と興味を持ってくれる。面白さの連鎖を起こしたかったのです」

もっとも、斬新なことをやろうとしたら、何ごとにつけて反発は起きます。事実、初回の大規模改修では四人の区分所有者が反対しました。修繕積立金が貯まっておらず、戸当たり二七万円の持ち出しに同意しなかったのです。

そこで、反対者と徹底的に話し合います。ルミエール西京極らしい対処法です。

「四名の反対者のうち、三名は電話ですんなりOKがとれ、一人の方とはひと晩、話をして納得していただいた。反対を反対のまま切り捨てたらシコリが残ります。住みながらの改修は大きな工事でみんなの生活にかかわる。一人の反対で変な方向になりかねない。工事業者を選ぶときもそう。役員で評価をして、全員が合意できるまで話し合います。総会で反対意見が出たら、終わった後にその人と話し合います。時間は惜しみません。顔と顔の緊密な関係がうちの支えです」

と、丸橋さんは語ります。

マンションの共同体、コミュニティの力は、本音で話し合える場をどれだけつくれるかにかかっています。管理組合の理事に「活動費」を認めているのも、ルミエール西京極ならではです。一八人の役員は、一回二時間の定例会議に出席すれば各自一〇〇〇円の活動費が認められています。年間二四回、総額で四十数万円。役員個々に払うのではなく、理事意識の向上のために理事会が管理し、お酒やジュースの購入、懇親会の開催に使われます。本音で言いたいことを言い合うためのコストです。

もちろん、会計の監査は厳密です。住民の公認会計士が監査役となって目を光らせ、総会では細大漏らさず、収支報告されています。透明さ、公正さは絶対条件です。

管理組合の法人化が鍵を握る

ルミエール西京極の特長は、マンションの掟である管理規約にも備わっています。二〇一二年に改定された管理規約（第三版）の第一条には、管理組合を運営する「目的」を、わかりやすく次のように明記しています。

管理組合法人は居住者相互の親睦、地域との交流、行政との連携によって、本マンションに生活するすべての者（障がい者や高齢者、介助者、子どもやその親など）が、災害を含むあらゆる状況において無事（生命と安心）に暮らせる環境にするために活動することを目的とする。

「無事に暮らせる環境」の目標は、
・大災害時に一人も死者を出さないこと。
・ここで、子どもを育てたいと思えること。
・子どもたちが、いつまでも住みたいと思えること。
・ここに暮らしてよかったと思えること。
その他、人を思い気遣えるようになるためのあらゆる活動の結果。

誰でも理解できる平易な言葉で目標が記されているではありませんか。このような管理規約を、私は見たことがありません。管理組合活動で、迷いや対立が生じたら「目的」に立ち返る。管理規約がマンションの憲法のような役割を担っています。

話は前後しますが、ルミエール西京極が管理組合の法人化に踏み切ったのは二〇一〇年でした。二度目の大規模改修が迫り、組織の改革に手をつけます。「人格なき社団」とされる管理組合は、区分所有者および議決権の各四分の三以上の多数決で、非営利法人制度に基づく管理組合法人に変われます。管理組合法人はＮＰＯの一類型といえるでしょう。法人化には、二つの老いを克服するのに役立つメリットがあります。

一番の利点は、管理組合が敷地や空室などの不動産を取得する場合、法人名義で登記できるので権利関係がシンプルかつ明確になることです。理事長の交代による不動産登記の手間が生じず、銀行口座も法人名義で保有でき、管理組合財産がはっきりします。

また、住民の管理費滞納や、規約違反の差止、立退交渉などの調停、訴訟の手続きも迅速に行えるようになります。法人登記事務の手間や経費の負担は生じますが、「やる気」のある管理組合にはメリットのほうが大きいでしょう。管理組合の法人化は、理事、監事を選任し、総会決議の議事録などの書類を揃えて司法書士に依頼すれば、比較的簡単に手続きを進められます。法人化後は、二年ごとに理事登記をしていきます。

法人化されたルミエール西京極の管理組合は、集会所の交流室への大改築や事務所購入による会議室の設置、アトリウムの開放化など、二度目の大規模改修を実行しました。その費用は一億五九〇〇万円。一戸当たり、約八七万円でした。施設の改良費用を加えて、この値段です。外壁塗装と屋上防水、鉄部塗装といった一般的な大規模修繕の範囲に限ると、戸当たり七〇万円程度に収まります。低予算で賢くお金を使って将来への投資をしているのです。

二〇一八年度の定期総会の住民用資料には、近い将来の検討テーマに「子ども食堂」「託児所」「学童保育」「生活用品共同購入」や「カーシェアリング」「コレクティブハウス」などが並んでいます。絶えず再生し続けていく意志が伝わってきます。丸橋さんは語ります。

「過去、現在、未来の時間軸で、何をしてきたか、いま何をしているか、今後、何が必要か、資料に残しておけば、後世につなげられます。住民の三〇代のママさんで、国際貢献活動で世界中を飛び回っている方が語学教室を開いてくれたり、いまや貴重な存在の活動弁士さんが朗読会を催してくれたり、コミュニティ活動は活発ですね。個人的には子ども食堂とともに、おとな食堂もやりたい。気軽に立ち寄って一杯やれるところです(笑)」

ある日の昼下がり、他のマンションの女性理事が「給水設備の改修工事案」の見積書や図面を抱えてルミエール西京極を訪ねてきました。資料は管理会社経由で工事業者が提案してきたものです。女性理事は、丸橋さんと対面すると、思いつめたように言いました。

「いま給水の改修をやらなかったらあかん。放置していたら大ごとになる。消費税も上がるし、いまやらないといけない、理事さん、責任とれますか、と工事会社は急き立てるんです。だけど、本当に必要なのでしょうか。他の役員は会議にも出てこないし、管理会社の言いなりで、もうすぐ臨時総会に、この改修案がかけられるんです。どうしたらいいでしょうか」

丸橋さんは、資料を見て、見積もりが過大で改修工事の根拠も曖昧だと気づきました。必要のない工事の典型でした。しかし、いきなり結論めいたことは言いません。

「どこも管理会社にお任せの住民が多いですよね。でも、キッチン設備を取り換えるのは誰でも自分でやります。内装のクロス替えは管理会社に頼みませんね。住戸のなかは自分、外側の壁や柱や屋根は他人にお任せ。これって変でしょ。戸建ての人は全部、自分でやりますよ。マンションも同じ。自分でやるのが当たり前だと思う人を、少しでも増やしたほうがいい」

「忙しい、専門家に任せとけ、素人の出る幕やない、と言う人ばかりです」

「ゆっくりでええんです。慌てて何もかも変えようとしたら、あなたが目いっぱいになる。まずは、のんびりとマンションのなかに友だちをつくって、その人らと、こうしたらええな、ああなったらええな、と話し合って、できるところから改善しましょうよ」

「せやけど、もうすぐ、臨時総会で、この改修案が決まってしまうんです」

「いったん立ちどまって考えたらどうですか。大丈夫です。公正な技術者の意見を聞けば、緊急性があるかないか、すぐにわかる。そのうえで、自分らで考えたらいいんです」

女性理事は、丸橋さんと話をしているうちに孤立感を振り払い、帰っていきました。

しばらくして、女性理事のマンションは「臨時総会」を中止しました。「維持管理の壁にぶつかったら、立ちどまって考える」「一人で対処するのは難しいので仲間をつくって考える」。マンションの規模や形態は違っても、共通する行動原則でしょう。

日本初、訪問看護ステーションを設けたタワーマンション

林立するタワーマンションでも、将来を見通した変革が始まっています。

東京都港区の白金タワー（五八一戸・二〇〇五年竣工）管理組合法人は、高齢化の進展を見すえて「訪問看護ステーション」のサテライトを誘致しました。二〇一九年四月から常駐する看護師、理学療法士による全戸の住民への健康づくり支援や、在宅ケア、看取りなどのサービスを行っています。既存マンション内に訪問看護ステーションが設けられたのは、おそらく全国で初めてでしょう。

訪問看護とは、赤ん坊から高齢者まで病気や障がいのある人の在宅での療養を、看護師や理学療法士がかかりつけ医と連携して支えるしくみです。要支援・要介護と認定された高齢者ばかりではなく、難病患者や障がい者、病気療養児も、医療保険や介護保険を使って在宅ケアのサービスが受けられます。その事業所である訪問看護ステーションは、自治体ごとの「地域包括ケアシステム」の中核を担っています。

白金タワーでは、四年前に管理組合の理事が区内の地域包括支援センターを見学し、高齢化対策がスタートしました。「白金タワー包括ケアシステム」の構築を目標に検討が進められま

した。その基本理念は、「住み慣れた地域（＝白金タワー）で安心して生活し、（人生の）最期まで過ごせること」としています。

白金タワーには、超高層マンション特有の現象がみられます。賃貸率がかなり高いのです。全五八一戸のうち区分所有者は約五五パーセント、賃貸居住者が四五パーセントを占めます。賃貸に入居した子育て中の若い世代が、空室が出るのを待って住み替える。白金タワーが気に入り、他には目もくれず、住み続けたいと願う住民が大勢います。

住民のアンケート調査によれば、九二・三パーセントが「永住」を志向しています。マーケティングで言うところの「ロイヤルカスタマー（忠誠心の高い顧客）」が住民の主流なのです。白金タワーに愛着の深い住民が世代を超えて住み続け、マンションの価値をいかに保っていくか。そう考え、包括ケアシステムの構築が射程に入ってきたのでした。

すでに必要に迫られて、在宅介護・医療のサービスを受ける住民のうち希望者は自宅の鍵を防災センター（管理会社委託）に預けていました。防災センターには二四時間、三六五日、警備員が詰めています。外の診療所や介護施設から派遣されてきたスタッフは、防災センターで鍵を受け取り、利用者を訪ねてケアをします。ケアを終えたスタッフは帰りに鍵を返して退出するしくみです。

最近のセキュリティが厳重なマンションでは、外部の医療、介護関係者の住民へのアクセスが問題視されています。二重、三重のオートロックに阻まれ、利用者にケア・サービスを十分に届けられないという問題が生じているのです。

白金タワーは、防災センターに鍵を預けることでセキュリティのハードルを下げました。

さらに管理組合は、災害などの非常時でも住民の生活支援や介護、看護のサービスが滞らないようにしようと、地元の高輪地区高齢者相談センターや港区社会福祉協議会と話し合いを重ねます。そして、白金地区で活動する訪問看護ステーションを対象に企画コンペを開き、「さくらナースケアステーション」のサテライトを麻布から移すことが決まったのです。

訪問看護のサテライトは、タワー棟二階の休眠状態だった集会室をリフォームして設置しました。移設に当たり、東京都福祉保健局は、「運営に必要な面積の事務室と訪問看護の提供に必要な設備および備品を備える」「訪問看護ステーション専用の手洗い場とトイレを設ける」という条件を提示しました。これが移設ではなく、ゼロからの訪問看護ステーション立ち上げだったら行政側の注文はもっと多かったでしょう。

東京都の指示を受けて、白金タワーは臨時住民総会を開きます。総会決議を経て、修繕積立金の余剰金から七〇〇万円を支出して集会室の改装が行われました。

訪問看護ステーションは、あくまでも地域包括ケアの中核です。サテライトには日中、看護師六人と理学療法士八人が勤務し、白金タワーを中心に半径二・五キロ圏内の利用者にサービスを提供します。白金タワーにサテライトがあるとはいえ、スタッフは外にもどんどん出かけて訪問看護を行います。そこが地域包括ケアの中核たる所以《ゆえん》です。夜間もオンコールでスタッフが利用者のもとに駆けつけます。

現時点で白金タワーの高齢化率は二割程度と平均より低く、訪問看護のニーズが切迫しているわけではありません。将来に向けた地域包括ケアの布石を打ったのです。

サテライトの看護師や理学療法士は、賃貸居住者を含む全住民向けに「健康相談」や「運動教室」を行う会員サービスも提供しています。慢性的な腰痛や肩こりの予防、健康寿命を伸ばすプログラムなどが用意されており、健康管理への意識づけが進んでいます。若い世代にも健康づくりを通して医療や介護への関心を高めてもらおうというわけです。

経営的視点で管理組合の将来ビジョン策定

白金タワーの訪問看護ステーション移設は、経営的な管理組合運営の産物です。

一般にタワーマンションは巨額の資産と収入を保有しています。白金タワーの管理組合の場合、資産は約一一億円、修繕積立金や駐車場使用料などの年間収入は一三億円。住民にとって「共同の利益(共益)」の最大化は重要な課題です。管理組合理事長にはマネジメントとガバナンスの手腕が求められます。

白金タワーでは管理組合法人代表理事兼理事長の星野芳昭さんがリーダーシップを発揮しています。星野さんは、企業の統治改革や幹部研修、自治体の行政改革、公共調達などのコンサルティングを実践してきました。その経験を管理組合運営にも生かしています。

「まず管理組合の活動の全体を鳥瞰して、事業開発の戦略的発想を用いてきました。マンションといえば、皆さん、反射的に「管理」といいますが、それは設備メンテナンスの発想です。重要なのは課題解決です。企業でも課題解決しないと競争に負けますよね。タワーマンションも湾岸や武蔵小杉に新しい豪華なものが建てられています。そのなかでいかに価値を保っていくか。メーカーにとってサプライチェーン(原材料調達・生産管理・物流・販売までの連続したシステム)が大切なようにマンションにとっても、販売会社や賃貸管理会社、工事業者などとの関係は重要です。タワーマンションの賃貸率は高いので、とりわけ賃貸管理会社の役割が大きい。いいかげんな賃借人が増えると価値が下がる。ルールをきちんと守り、コミュニティの形成に寄与してくれる借主が増えれば、価値は上がる。そのための環境づくりが急務です」

と、星野さんは語ります。

星野さんが管理組合運営に関心を向けたのは、管理会社から派遣されていた管理責任者の「横領」がきっかけでした。二〇一〇年、管理責任者が駐車場料金一五〇〇万円を着服していたことが発覚。理事会主催の説明会が開かれ、星野さんも出席しました。

ところが、問題点の洗い出しや解決策の提示がまったくされず、大きな不安を感じました。「これは自分がかかわらないとだめだな」と腹をくくり、翌年、理事長に就任。馴れ合いがちな管理組合運営にメスを入れます。たとえば、共用部分のカーペット張り替え工事の契約を見直しました。当初、管理会社のお抱え業者が約三六〇〇万円の見積もりを出していたのですが、あまりに高いので契約を撤回し、競争入札に切り替えます。すると、同じ品質のカーペットが一〇〇〇万円以上も安く購入できたのです。星野さんが説きます。

「理事会の役目は、管理費や修繕積立金を適切に使って、マンションの価値を高めていくことです。一つの団体を「共益」の視点で経営しているようなものです。会社なら監査法人が入ってお金の流れは一円まで厳しく調べられます。それが、マンションになると住民はわれ関せず、他人事というのはすごくおかしな話です。管理組合がいいかげんだと、住民にしっぺ返しがくる。主体的に運営をチェックすることが自分のマンションを守る唯一の方法です」

その後、管理会社を入札で選び直し、会計に厳しい外部監査を導入しました。時間貸しの駐車場を直営から賃貸借に変えて収入を安定化させます。「民泊禁止」の規約改正を行い、機械式駐車場を削減して不要資産の圧縮も図ります。さらには自動車会社のＡＡ型種類株式を取得し、ファンド運営にも乗り出す……と経営的改革を断行したのです。

二〇一六年には管理組合を法人化し、「白金タワーの将来ビジョンと経営課題」を打ち出しました。将来ビジョン(二〇三五年)を、「築三〇年となっても住みやすく、住み続けたくなる都心ヴィンテージマンション」と定め、「中期的に取り組む課題」を次のように決めました。

一　敷地のセキュリティ強化(防犯カメラ抑止力向上、警察連携)

二　中長期修繕計画の常時改定(日常維持管理による長寿命化、不要設備の廃棄、仕様見直し。修繕積立金予算の総枠執行管理)

三　防火防災体制の強化(自助共助の徹底、非常用電源対策―バッテリー活用)

四　ヴィンテージ化への対応(さらなる魅力向上、グレードアップ、包括ケアの取り組み―高齢者対策)

五　管理組合の経営健全化(共用部分の有効活用による収入増、支出構造改革と企画購買調達、新

規住宅区分所有者の意識づけ、白金タワーブランドの有効活用）

こうして中期的課題の「包括ケアの取り組み」が具体化し、訪問看護ステーションが設置されたのです。経営的センスで課題を解決する。その方向性を星野さんはこう示唆します。

「実態的に管理組合は、非営利団体、NPOの一つです。国交省の管轄から外して内閣府に移したほうがいいぐらいです。資産管理の代行機関でもあるので、居住者の長期的な満足度、ロイヤルカスタマーの定着度を高めるための改善策が重要です。お金ではない、しあわせというか、幸福感の座標軸が別に必要だと思います」

白金タワーも、ルミエール西京極も、住民自身が話し合い、お金ではない「しあわせの座標軸」を確立し、管理組合の変革を推し進めています。その基盤は、言うまでもなく、コミュニティです。コミュニティが資産価値を支えています。高経年マンションの究極の選択肢、建て替えにおいてもコミュニティの質と力が問われます。

ロシアの国営放送記者が取材に来たマンション

東京都多摩市、小田急多摩線の永山駅から南へ、徒歩六、七分の丘に「ブリリア多摩ニュータウン」の七つの棟が陽光を浴びて建っています。総戸数一二四九戸の大団地です。

もともと、ここには一九七一年に分譲された「諏訪二丁目住宅」という団地があり、エレベーターのない五階建て、二三棟、六四〇戸が並んでいました。二〇一〇年、団地の建替え決議が成立。解体後、再建工事に取りかかり、一三年秋にブリリア多摩ニュータウンが竣工したのです。多摩ニュータウン開発の象徴だった諏訪二丁目住宅の建て替えは、社会的関心を集めました。大規模団地の住民が建て替え後も再建されたマンションに戻ってこられるのか、注目の的となったのでした。

二〇一七年七月、このブリリア多摩ニュータウンに海外から取材者が訪れました。ロシア国営放送の記者です。記者は、団地の建て替えをリードした管理組合元理事長・加藤輝雄さんに真剣なまなざしを向けて、こう訊ねました。

「住民たちが、暴動も起こさず、いったいどうやって、古い団地をこんなに快適なマンションに建て替えられたのですか。その秘訣は何でしょうか」

「暴動も起こさず」と切り出され、加藤さんは少々面食らいました。「住民主体の文化の蓄積ですかねぇ。ロシアと日本では制度が違うので簡単には比べられませんよ」と返答します。記者は、納得せず、「マンション内を見せてほしい」と頼み、加藤さんは案内しました。

ちょうどそのころ、ロシアのモスクワ市当局は、一九五〇〜七〇年代に建てられた五階建てのアパート約四五〇〇棟を「安全上の理由」で取り壊し、高層ビルに建て替える計画に着手していました。ところが新居を得られるはずの住民が激しい反対運動を起こしていたのです。

建て替え予定のアパートは、旧ソ連邦時代の指導者フルシチョフ第一書記の裁量で建設されたので「フルシチョフカ」と呼ばれています。社会主義政権下、国民に無料で供給されたフルシチョフカは、ソ連崩壊後、民間に払い下げられ、住宅として私有されました。

モスクワ市は、そのフルシチョフカの住民に二カ月以内に指定する住所に移転するよう通知しました。プーチン大統領も市の方針を後押しします。この建て替え事業は、巨大な利益を不動産・建設業界にもたらし、大勢の住民に新居を無償で提供します。プーチン氏にとって翌年三月の大統領選に向けた、恰好のバラマキ政策だったのです。

しかし、たとえ古く、狭くても住民にとっては住み慣れた、愛着の深い、わが家です。住民は「自分の家に手を出すな」と一斉に立ち上がり、数万人規模のデモに発展しました。二〇一七年六月一二日のデモでは約九〇〇人が拘束されたといわれます。まさに「建て替え暴動」が起きる寸前だったのです。その後、プーチン大統領も「(建て替え計画を)強制してはならない」とややトーンダウンしました。

加藤さんにブリリア多摩ニュータウンを案内されたロシア国営放送の記者は、最新の設備や、斬新なデザインに見入った一方で、「どうして住民自身の力で建て替えられたのか……」と何度も首を傾げながら帰っていきました。

国営住宅を国民に払い下げたロシアと、国民が住宅ローンを組んで住戸を買う日本。維持管理のしくみは異なりますが、古い集合住宅の建て替えは共通の難題です。スラム化が懸念される日本でも、建て替え件数は三〇〇に届きません。三章に記したように欠陥マンションの販売主が建て替え費用をすべて負担してもスムーズには運びません。

また、一章で触れた阪神・淡路大震災後に取材した神戸市灘区のマンションは、住民の建て替え派と補修派が対立し、泥沼の裁判闘争に突入しました。震災から再建まで一三年かかり、新しいマンションの権利を保有できた元住民は全体の二割にすぎませんでした。勝者なき闘いでした。

日本でも、暴動こそ起きていませんが、団地の建て替えは難しく、犠牲が伴います。

だからこそ、諏訪二丁目住宅の建て替え、ブリリア多摩ニュータウンの誕生は異彩を放っているのです。元住民六四〇戸のうち、九三・六パーセントの五九九戸が建て替えに参加し、再建マンションへの権利変換の対象となりました。四一戸が転出し、最後まで建て替えに反対したのはそのうち二戸、二名でした。

もちろん反対者の意向や財産権には十分な配慮が必要ですが、欠陥による緊急事態ではなく、平時の老朽化への対応策でほとんどの住民が建て替えを選んだことは驚異的です。

どうして諏訪二丁目住宅は、高い参加率を保って建て替えができたのか。

後知恵で、「条件がよかった」と解釈するのは簡単です。建物の容積率を五〇パーセントから一五〇パーセントに引き上げ、保留床の六八四戸を新規分譲できて再建費を捻出できたこと。元の住民は従来の住戸面積約四九平米を無償で手にできたこと（還元率一〇〇パーセント）。管理組合の調整力が優れていたこと、など好条件が挙げられます。

しかし、いずれも結果論です。諏訪二丁目住宅がブリリア多摩に生まれ変わるには、コミュニティ形成の長い陣痛と「まちづくり」の夢を見続けるエネルギーが必要でした。道のりは平坦ではありません。諏訪二丁目住宅の入居開始から間もなく、駐車場の増設をめぐって住民間の熾烈《しれつ》な対立もありました。何度かの節目を経て現在に至っています。

時計の針を半世紀ちかく戻し、建て替えまでの団地の歴史を掘り起こしてみましょう。

バブルに翻弄された建て替え計画

高度成長期の東京都は住宅難が常態化していました。一九六四年の東京五輪に合わせて幹線道路や鉄道が整備され、毎年三〇万人ちかく人口が増え続けます。多摩ニュータウン開発は、新たな人口の受け皿づくりとして期待を集めていました。

一九七一年、諏訪・永山地区の入居が始まります。諏訪二丁目住宅は、日本住宅公団(住宅・都市整備公団→都市基盤整備公団→UR都市機構)によって開発されました。国策で建てられた団地は、量を優先したために住戸が狭く、「ウサギ小屋」と呼ばれ、お世辞にも住みやすいとはいえませんでした。諏訪二丁目住宅の周りには造成中の砂山が点在し、風が吹くと猛烈な「砂嵐」に悩まされました。

入居者はせっせと植樹をし、砂塵を防ぎます。「入植」の二文字が似合う雰囲気でした。一方で駐車場が六〇台程度しかなく、今後、不足するのは目に見えていました。その局面で、全国から諏訪二丁目住宅に集まった住民の意見が、真っ二つに割れたのです。

「一刻も早く植栽を潰して、駐車場を増設しよう」

「車よりも人が大切だ。緑を増やして住環境を守ろう」

合意形成が困難と感じた自動車派は、近くの公団住宅建設予定地にダンプカーで砂利を入れて駐車場に仕立てます。公団の許可を得ず、「カークラブ」を名乗って料金を取り、駐車場の運営を始めました。

一方、植栽派は「一本たりとも樹木は伐《き》らせない。団地に駐車場はつくらせない」と抗います。自動車派と植栽派の主導権争いは管理組合の運営にも及び、凄まじい葛藤のなかで現職の管理組合理事長が自ら命を絶ちました。

一九八〇年に入居した元多摩市会議員の松島吉春さんは、当時の住民気質を次のように回顧します。

「昼に始まった住民総会が夜九時過ぎまで続きました。理事と理事の対立が、そのまま総会に持ち込まれるから揉めます。覇権争いのようでしたね。ただ、初期の入居者たちは混乱があっても自分たちで何とかしようという自立意識が強かった。国や都を相手に実力行使も厭わない。カークラブの設立もその一つでしょう。行政が駐車場を整備しないのなら、自分たちでやってやる、と。その気質は、公団の管理会社＝団地サービス(現・日本総合住生活)に頼らない、自主管理に象徴されています」

管理組合は自主管理を選択し、理事が事務職員を兼任します。会計を全体的な財産状態と損益が把握できる「複式簿記」に変えるなど、改革を重ねます。駐車場問題は、マイカーが普及するにつれて増設へと傾き、自然に消滅しました。

続いて持ち上がったのが、住戸の増築問題でした。五〇平米足らずの住戸は、子どもが成長すると狭く、不便でした。女性リーダーを中心に棟ごとに「有志の会」が生まれ、増築機運が高まります。ただ、法的にも合意形成上も増築は難しく、暗礁に乗り上げました。

一九八八年、集会所だけは多摩市の補助を利用して増築できました。集会所増築の完成式で、有志の会の女性リーダーは「いっそのこと、増築よりも団地を建て替えてしまいましょう」と呼びかけます。チラシを撒いて、五〇〜六〇人の賛同者が集まりました。

「建て替え」が住民の口の端に上ったのは、このときが初めてでした。ときは、バブル経済の真っ盛りです。地価は急上昇していました。マンションの価格は上がっており、建て替え後に保留床を新規分譲すれば再建費を賄《まかな》って、おつりがくると見込めました。

有志の会は、管理組合の理事会に建て替えの検討を提案します。九〇年に管理組合の要請を受けた住宅・都市整備公団は、建て替えの「私案」を提示しました。公団建て替え案は、「全員合意」による「等価交換方式」でした。住民が敷地をディベロッパーに提供し、建物完成後に還元率一〇〇パーセントで再入居する。仮住まいと引っ越しの負担は生じるけれど、同じ広さの新築住宅に無償で入れるプランでした。

翌九一年、管理組合は「建て替え推進の決議」を行い、「建て替え委員会」を正式に立ち上げます。建て替えに消極的だった理事も、腰を上げ、さぁこれからと盛り上がりました。

その矢先、バブルが崩壊したのです。地価は急転直下、落ち込んでいきます。女性リーダーと有志の会の建て替え推進メンバーは、マンションが値崩れする前に住戸を売り払い、次々と諏訪二丁目住宅から去っていきました。景気変動の嵐で、建て替えは風前の灯火《ともしび》です。公団も経済状況の悪化を理由に尻込みします。残された理事たちは、途方にくれました。

「神輿を担ごうとしたら担ぎ手が一斉にいなくなった状態でした」と松島さんはふり返ります。住民たちは、クールダウンして建て替えを一から学ぼう、と仕切り直しました。

「草の根」のコミュニケーションが原動力

建て替えは、技術とコストだけで決まるのではなく、法的な規制にも左右されます。諏訪二丁目住宅にとって最も高いハードルは法規制でした。あまり聞きなれないかもしれませんが、都市計画法第一一条一号に「一団地の住宅施設」という規定があり、その都市計画上の縛りがかかっていたのです。

この規制は、環境保全のために一団の土地の建蔽率や容積率などを都市計画で定めたものです。諏訪二丁目住宅は、良好な住宅地形成を理由に建蔽率一〇パーセント、容積率は五〇パーセントに抑えられていました。住戸はゆったり配置され、日当たりも良好です。

しかし、規制がある限り、建て替えても増床は困難で、新規住戸の分譲で再建費を調達するのは不可能です。住民の自己負担が増え、還元率は下がります。「一団地の住宅施設」と定められている限り、建て替えは絵に描いた餅でした。

そこで管理組合の理事たちは、実力行使(?)に打って出ます。住民九割の署名を携えて東京都と多摩市に都市計画を見直すよう働きかけました。一九九四年秋には、住宅行政の本丸、建設省(現・国土交通省)へ陳情に出向きます。建設官僚から「一団地の住宅施設を解消し、(自治体と住民による)地区計画に移行することが可能だろう」と回答を得ました。実際に規制が解けるまでには一〇年以上の歳月を要するのですが、一筋の光明が差します。

この年、諏訪二丁目住宅に入居した加藤輝雄さんは、建て替え担当の理事に就きました。その後、理事長に就任して住民を牽引《けんいん》していくのですが、心中をこう吐露します。

「僕らの発想は「まちづくり」だったんです。単に古い建物を建て替えるスクラップ&ビルドとは違います。高齢者も子どもも住み続けられる、まちづくりのビジョンを並行してつくりました。コミュニティが資産ですからね。盆踊り、芝刈り、どんど焼き……とイベントを大切にした。五階建ての階段室一〇世帯が一つの単位でね、あそこのおばあちゃんどうした、あの子どもの学校の行き帰りは大丈夫か、共同作業で汗を流しながら、そんな話をします。建て替えへの不満や愚痴も階段室で受けとめ、役員や理事が膝をつき合わせて丁寧に対話をします。何年も、何年もずっと積み重ねたんです」

管理組合は竹中工務店とコンサルタント契約を結び、建て替えのイロハを教わりました。もっとも、竹中が提示した超高層三棟に建て替える案は現実味が薄く、コンサルタントを住宅・都市整備公団に替えます。公団は敷地を「建て替え」「資金調達(新規住宅建設)」「既存建物」の三つに分け、等価交換で団地を再生する青写真を描きました。

一見、合理的なようですが、「公平性、事業性」が欠落しており、民間ディベロッパーは歯牙にもかけません。おまけに公団は行政改革で廃止され、UR都市機構に看板を付け替えて分譲事業から撤退します。URは事業主体にはなれず、管理組合は支えを失いました。

一難去ってまた一難。建て替えは夢の夢、露と消えるのか、と思われました。

潮目を変えたのは、二〇〇二年の区分所有法改正でした。団地も区分所有者と議決権の五分の四、棟別三分の二以上の賛成で「建替え決議」が成立することになります。「マンション建替え円滑化法」も施行され、管理組合とディベロッパーが「建て替え組合」を結成して事業を進める枠組みができました。

〇四年五月、住民総会で、ふたたび「建て替え推進の決議」が採択され、方向性が決まります。実績のある旭化成ホームズがコンサルタントで入り、基本構想が練られました。〇六年に懸案の「一団地の住宅施設」の規制が、ようやく外れます。そして多摩市の「地区計画」によって団地の建蔽率が六〇パーセント、容積率は一五〇パーセントに拡張されたのです。規制が解かれて条件が整い、建て替えへの外堀が埋まりました。本格的にディベロッパーを選ぶコンペを開き、東京建物が事業協力者で加わったのでした。

建て替えが現実味を帯びるにつれ、反対する住民の動きも先鋭化しました。このまま住み続けたい人にとって、建て替えは災難です。一人暮らしの高齢者には、三〇カ月に及ぶ仮住まいや二度の引っ越しは耐えがたい。一部の住民が管理組合を提訴しました。

諏訪二丁目住宅の顧問弁護士を務めた栗山れい子氏が述懐します。

「ある方が、建て替えの準備に管理組合の費用を拠出するのは横領だ、お金を返せ、と裁判を起こされました。管理組合は株式会社とは違います。株主代表訴訟のような訴訟制度はないので法的に無理と、裁判所は蹴りました。新聞報道をめぐって理事長個人が名誉毀損で訴えられたケースもありましたが、請求棄却。いずれも証拠調べなしに一審で終わりました」

賛成、反対の意見が交わされ、熱気をはらんでいたころ、またも経済危機が襲いかかります。リーマン・ショックです。金融恐慌でマンション市況は一気に冷え込みました。東京建物は建て替え事業から手を引くに違いない、と住民は不安に駆られました。

東京建物の社内では事業凍結論が強まります。東京建物は役員会で検討し、住民の仮住まいと引っ越しの費用として計上した補償金、一戸当たり五〇〇万円を取り崩して事業費に回せるなら建て替えに参画したいと表明しました。住民は負担が増えるのを承知で東京建物の軌道修正を受け入れました。東京建物の建て替え担当者は、こうふり返ります。

「一般の再開発では、地権者の仮住まいへの補償金はつきものです。それを団地建て替えにも応用したのですが、さすがにリーマン・ショックで難しくなった。当社の役員会では、侃々《かんかん》諤々《がくがく》、激しく意見がぶつかったと聞いています。住戸の還元率は一〇〇パーセント、元の広さを維持したい。とすると、補償金を削るしかない。最終的に六四〇世帯の方々の生活を巻き込んでいる社会的責任ですね。いまさら撤退はできない。そこが大きかったです」

団地内では女性陣の「草の根」のコミュニケーション活動が展開されました。草創期に入居した小澤寛子さんが回顧します。

「階段室の一〇戸でね、朝な夕なに建て替えの話をしましたよ。自発的な芝生集会もずいぶん開きました。建物を、あっち直し、こっち直しで使い続けても、修繕積立金の徴収額はどんどん高くなって、二倍になるんだよって。ここで死にたいとおっしゃる方には、一人じゃないよ、生きている間はみんなで助け合うから、がんばろうと励ましました」

波乱含みで二〇一〇年三月、「建替え決議」の採決を迎えました。住民総会で票が集計され、六四〇人の区分所有者のうち賛成が五八六人、反対は五四人でした。九〇パーセントを超えた賛成率に「おおーっ」と議場がどよめきました。

管理組合のコミュニティ価値が問われるのは、そこからでした。五四人の反対者と役員、関係者が向き合って話し合いを続けます。改めて意思を問うと、四九人が建て替え賛成に回りました。拒絶した五名のうち三名は管理組合からの「売り渡し請求」に応じ、時価で住戸を売却して団地を出ました。そして、一人暮らしの八〇代の男性と女性の二人が最後まで建て替えに反対し、それぞれの住戸に留まったのでした。

二人はテコでも動かぬと自宅に残ったのです。その思いは痛いほどわかります。

管理組合は、栗山弁護士を介して、二人の住戸の所有移転登記と、建物と土地の明け渡しの本訴を起こします。と、同時に明け渡しの「断行の仮処分」を申請しました。

裁判所は仮処分の決定をし、二週間以内の明け渡しを命じますが、二人は動きません。とうとう強制執行の日がやってきました。管理組合理事は近隣のホテルに部屋を用意し、しばらくはそこに泊まりながら一緒に仮住まいを探そう、と二人に呼びかけます。女性は応じましたが、男性は自分の車に閉じこもりました。友人が「うちに泊まれよ」と声をかけても応じません。数日後、男性は多摩市役所に相談に行き、市は栗山弁護士に対応を委ねます。男性はホテルに移り、都営住宅へと引っ越しました。

「他人の世話にはなりたくない。まだここに住める」と男性は主張し続けました。

栗山弁護士は、語ります。

「民間の古いマンションを還元率一〇〇パーセントで建て替えるのは非常に難しい。老朽化したマンションの最終段階でどうするか。住民は持ち分を分けて散っていくか、ディベロッパーに頼んで再開発をするか。事業展開は容易でありませんね」

マンションを次の世代に住み継ぐには痛みが伴います。最後まで自宅に留まった高齢者の痛みは他人事ではありません。超高齢社会の日常の一コマです。

再建後、一般分譲の六八四戸が四回に分けて売り出され、いずれも即日完売しました。住戸タイプは２ＤＫ～４ＬＤＫで、価格が二六〇〇～四七〇〇万円。最多価格帯は三四〇〇万円です。総事業費二〇〇億円に届こうかという大プロジェクトが完遂されました。現在、ブリリア多摩ニュータウンの公園を子どもたちが駆け回っています。建て替え後、子育て世代がどっと流入し、様相は一変しました。加藤さんの後を継いだ理事長は三〇代です。時が流れ、建物は変容しても人びとの願いは変わりません。誰もが好きな人と好きな場所で末永く暮らしたいと願っています。

国交省のリフォーム事業で「外断熱改修」

国交省も、マンションの「二つの老い」への対応をおろそかにしていられなくなりました。既存住宅の改修や改築に向けた支援事業のメニューも一応、用意しています。

よく知られているのは「長期優良住宅化リフォーム推進事業」です。

「長期優良住宅」とは、長い間、良好な状態で使うための基準をクリアした住宅を指し、都道府県や市区に申請をして認定を受けます。

具体的には、耐震性、省エネルギー性、高齢者（バリアフリー）対策、劣化対策、可変性、景観形成、住戸面積、維持管理・更新の容易さ、維持保全計画などの基準を満たした住宅が、長期優良住宅に認定されます。この長期優良住宅は、戸建てだけでなく、マンションにも適用されており、価格はやや高くなりますが税金の優遇措置もあって注目度は高まっています。

その長期優良住宅の認定が、既存マンションの改修、改築でも得られるのです。それが「長期優良住宅化リフォーム推進事業」です。同リフォーム推進事業の適用には、

① インスペクションを実施し、維持保全計画・履歴を作成すること
② 工事後に耐震性と劣化対策が確保されること
③ 日常的に使用する居室等の部分が、省エネルギー性、バリアフリー性等のいずれかの基準を満たすもの

といった条件が付けられています。ここでいうインスペクションは、国交省が定めた講習を修了した建築士が、建物の基礎、外壁など構造耐力上主要な部分や、雨水の侵入を防ぐ部分に生じているひび割れ、雨漏りなどの劣化・不具合の状況を把握する建物状況調査を指します。状況を把握して長期的視点で建物を維持することに比重が置かれているのです。

リフォーム推進事業に選ばれれば、工事費の三分の一の補助金が支給されます。その限度額は一戸当たり一〇〇万円。長期優良住宅の認定を取得すれば、一戸当たり二〇〇万円、さらに省エネ性能を高めれば二五〇万円に増額されます。改修のインセンティブとしてはかなり大き

な誘導策といえるでしょう。

ところが、その認定実績を見て愕然とします。二〇一六〜一七年にかけてリフォームで長期優良住宅と認められた数は累計四二三戸。そのうち賃貸を含む共同住宅はたった二八戸です。新築でさえ、二〇一五〜一七年にかけて累計九一万五一九四戸が認定されていますが、共同住宅は二万二五一戸、わずか二・二パーセントにすぎません。

せっかくのしくみをつくっても、ほとんど機能していません。これは、認定基準のハードルが高いというよりも、一般の管理組合に周知されていないからでしょう。実際にリフォーム事業に選定されてマンションの改修を行った一級建築士の高屋利行氏は、「大規模修繕に合わせて、この制度を使えば効果は大きい」と指摘し、次のように述べます。

「一例をあげると、外壁修繕に〈外断熱改修〉を組み合わせるのです。外装材をきれいに剝ぎ取って、躯体全体を断熱材で包んで外装を仕上げる。こうすれば省エネ性は格段にアップするうえに断熱材が外気の温度変化から躯体を守るので建物が長もちする。大規模修繕の周期は二〇年以上に延びます。長期優良住宅の趣旨にピタリと合うんです。そういう効果的な手法が、意外と管理組合の方々に知られていないんですよ」

国交省の既存マンション改修支援は、周知不足に加えて「実態とのズレ」があるためになかなか普及していません。その典型が「耐震改修」です。耐震改修は、国交省の思惑をよそに遅れています。

民間の知恵で耐震化のコストを下げる

一九八一年以前の「旧耐震基準」で建てられたマンションは、二〇一六年時点で約一〇四万戸あります。国交省は、巨大地震の発生に備え、旧耐震基準の住宅全般の耐震改修に高い目標を掲げています。一九八一年以降の「新耐震基準」を満たす住宅の割合(耐震化率)を、二〇二〇年に九五パーセントに上げるというのです。

しかし二〇一八年度の「マンション総合調査」では、「耐震性がない」と判断されたマンションのうち耐震改修を実施したのは三八・一パーセントにとどまります。「実施する予定はない」との回答が、やはり三八・一パーセント。耐震性がないマンションの四割ちかくが改修できないのです。その実情をマンション管理団体の幹部がこう指摘します。

「どのマンションも月々ためた修繕積立金の範囲内で耐震化を進めたいのです。だけど、耐震診断、設計、施工で億単位の費用を求められる。費用が高すぎる。行政は、そういう状況を顧みず、小手先の制度変更でお仕着せのプランを、煩雑な手続きで押しつけようとする。耐震化の補助金をもらうために管理組合が借金をするなんて本末転倒でしょう」

耐震改修の費用はどのぐらいかかるのでしょうか。UR都市機構が京都市の九条大宮市街地住宅(六二戸・一九六九年竣工・賃貸)を改修したケースでは、工事費二億四〇〇〇万円、耐震設計費九八七万円、工事積立金三五一万円、合計二億五三三八万円かかっています。工事方式は、X字の筋交いを開口部に使う、国交省推薦の旧来型でした。

六二戸の賃貸団地に二億五〇〇〇万円以上の改修費を投入できるのは、年間、約三〇〇億円ちかく国の財政支出を受けられる独立行政法人、URだからでしょう。民間の分譲マンションではとても手が出ません。国は「耐震改修支援センター」を受け皿に指定していますが、旧耐震基準のマンションの耐震化は遅れています。

そうしたなか、二章で触れた大阪府枚方市の労住まきのハイツは、構造学者で関西大学教授の西澤英和氏の協力を得て、修繕積立金の範囲内で「身の丈に合った」耐震改修を実施しました。西澤氏は、国重要文化財の清水寺三重塔や同志社礼拝堂など歴史的建造物の保存修復や、阪神・淡路大震災で傾いたマンションの「建て起こし」、耐震補強を実践しています。西澤氏は、まきのハイツの階段室やエレベーターホール、廊下などに鋼板パネルの耐震壁を設けて基準をクリアする方法を提案。管理組合は、これを受け入れ、総改修費七二二四万円、一戸当たり二〇万円足らずの金額で改修を終えました。西澤氏は語ります。

「どのマンションも形は似ているけど、規格、建設時期、地盤の強さ、すべて違います。大切なのは、よく調査をして、建物の謎解きをして、いいところ、悪いところを見極めること。一律のマニュアルに沿った診断・設計で高額な費用を請求するのはナンセンスです。個別の長所をベースに短所を改めれば、手づくり耐震改修でコストが抑えられます」

西澤氏は、「鉄骨の筋交いは巨額の費用がかかる割に、あまり耐震性に寄与しない。構造設計者の間では常識です。あれにお金を使うぐらいなら三センチ厚程度のコンクリートを打てば同程度の強さを確保できる」とも指摘しました。

コストを下げて耐震強度を確保する。民間の現場での工夫を、国はもっと制度に反映させられないものでしょうか。

用途転換と併せたリノベーションで活路を開く

根本的に高経年マンションの「セカンドステージ」を見直す時期が到来しました。

老朽マンションの大半は、建て替えの選択肢がなく、修繕もしくは部分的な改修で延命を図ろうとします。が、長く住み継ぐには、それだけでは限界があります。

管理が滞れば、空室が増え、高齢者がとり残されてスラム化の崖っぷちに立たされます。手をこまぬいていれば廃墟化が進み、住民は区分所有権の解消を前提に、建物を解体して、敷地を売ることになります。あとはばらばらに散っていくだけです。

一般的なマンションの末路は、管理不全で朽ちた建物を除去・敷地売却して解散するか、無理を承知で建て替えに進むか、二つしかありません。いずれも建物を壊すことが前提です。スクラップ&ビルドのドグマにとらわれています。ほかに方法はないのでしょうか。

じつは、建物を壊さない、第三の道が存在します。本章の冒頭で記した「再生(リノベーション)」です。リノベーションは、建物の物理的変化だけでなく、用途転換(コンバージョン)との組み合わせで力を発揮します。改修、改築で耐震性や省エネ性、可変性を高めると同時に建物の一部を医療・介護の施設や、保育所、店舗などに用途転換して新たなニーズを呼び起こすのです。つまり、建物の使い方を拡張して「次」につなぐのです。

老朽マンションをリノベーションすれば、再分譲の可能性も広がります。

その先導者が建築家の青木茂氏です。青木氏は、「リファイニング」と呼ぶ手法で、三〇年以上、日本の再生建築を先導してきました。青木氏は、古い建物の構造や建築計画に照らして、不要な壁や部材を取り除き、軽量化して耐震性を高めます。いったん建物を躯体状態の素っ裸にして、使い勝手や意匠性も損なわないよう、コンクリートの袖壁や耐震壁を設け、給排水管などの設備を更新。外壁を一新し、デザインも劇的に変えます。青木氏は、公共施設から集合住宅まで、数多くの再生を手掛けてきました。東京都渋谷区の築後四三年、二八戸の賃貸マンションをリファイニングで一七戸の分譲マンションに生まれ変わらせてもいます。新耐震基準をクリアし、分譲時には新築同様、金融機関の住宅ローンも付きました。

リファイニングには、制度上の壁を突破できる可能性もあります。

じつは、旧耐震基準で建てられたマンションの多くは「既存不適格建築物」の烙印を押されています。既存不適格とは、竣工後の法令改正や都市計画変更などで現行に適合していない状態を指します。現状では、道路の規定や用途地域の変更で容積率、建蔽率が下がったり、日影規制に抵触したりするマンションがかなりあるのです。これらを増築したり、建て替えたりしようとすれば、現行法が適用されるので建物を小さくしなくてはならず、現実的に再建は不可能です。その点、既存の建物を再生するリファイニングなら規模縮小の必要はありません。

リファイニングの費用は、全面再生で新築の六〜七割、共用部分だけなら五割程度が目安だそうです。青木氏が語ります。

「分譲マンションの管理組合からもオファーがいくつも寄せられています。やはり合意形成に時間がかかりますね。突き詰めれば、区分所有権が壁です。一人ひとりの区分所有権は重い。ただ、老朽化を克服して住み継ごうと思えば、手遅れになる前に皆さんの区分所有権を一つにまとめるなりして再生へ踏み出す選択肢も必要です。終末で多数決によって建物の解体・敷地売却するだけでなく、再生の道も求められています」

古い分譲マンションを再生して賃貸化し、用途転換で医療・介護施設や保育施設、店舗を設ける。元の住民は払える範囲の安い賃料でずっと暮らし続ける。そんなセカンドステージもあっていいのではないでしょうか。

住宅を社会的資産とする「建築基本法」の提言

さらに大局的にマンション再生の道を探ろうとすると、スクラップ&ビルドの流れを変える、日本の建築法体系の見直しが浮上します。「土地こそ資産」とみなし、住宅を耐久消費財的に扱ってきた建築法体系の根本を改めるのです。

長い蓄積がある建築法体系の再編には国民的議論が必要でしょうが、たとえば、社会の持続可能性、良質な建築文化と専門家の役割、責任の分担といった観点から「建築基本法」を制定する動きが起きています。

建築基本法制定準備会会長の神田順氏は、建築構造学の国際的研究者です。神田氏は、その趣旨をこう述べます。

「持続可能な社会を実現するには、従来の使い捨て、スクラップ&ビルドを改める、建築の理念をわかりやすく記した「建築基本法」が必要だと思います。理念を明記した基本法に則って、建物のライフサイクル全体に対応し、良好な建物・街並み文化の形成を促す、建築関係諸法の再編が求められているのです。建築を社会的な資産ととらえる理念法で、豊かな社会を築き、次世代に建築資産の継承を図っていく。そのような建築基本法の制定を目指しています」

神田氏らの建築基本法試案は、安全の確保、健康や環境への配慮、社会的資産としての建築といった理念とともに、国、地方公共団体、建築主、建築物の所有者、事業者、専門家、そして国民の「責務」を記しています。マンションに関連していえば、ディベロッパーは建築主、住民は所有者となります。それぞれの「責務」を明らかにしようというのです。

いい建物を末永く使い、良好な環境を継承しようと思えば、行政や業界に「お任せ」ではなく、私たち自身にも責任がふりかかります。自分の家なのだから自分で管理するのは当たり前という「私」の意識を、集合住宅の「共」、街並みの「公」へとつなぐキーワードが「責務」なのです。

ふり返れば、建築法体系の中心にある建築基準法は、住宅の大量供給が最優先課題だった一九五〇年に制定されました。第一条、法の目的には、「建築物の敷地、構造、設備及び用途に関する最低の基準を定めて、国民の生命、健康及び財産の保護を図り、もつて公共の福祉の増進に資する」と記されています。あくまでも「最低の基準」なのです。

その後、基準法は事件や事故が起きるたびに対症療法的な改変がくり返され、専門家でも容易に理解できないほど複雑なものとなり、制度疲労と機能不全をもたらしています。「最低の基準」は把握しにくくなり、安全性の判断とモラルが低下。欠陥住宅問題が後を断ちません。そもそも建築を社会的資産ととらえる考え方が希薄なので、空き家問題やマンションの管理不全にも効果的な公的対策が立てにくい。

このような閉塞状況に「建築基本法」で理念の柱を立て、基準法はじめ建築関係諸法を再編成しようという提言です。

建築基本法制定準備会は、全国一律的な規制を最小限にし、地域特性に応じた制度設計も提起しています。各々の役割と責任を明らかにして、屋上屋を重ねる規制ではなく、「人」が能力を発揮して理念の達成を目指す。国や地方公共団体には「質の高い建築とまちづくり」を行う地域主権に立った組織・システムの再構築、行政を含む実務人材の育成、現実的な目標設定を呼びかけています。

さて、読者の皆さんは、この建築基本法の提言を、どう受けとめるでしょうか。大勢の区分所有者が自治的なしくみで管理、運営するマンションは、現代日本の身近な自画像です。「私」の自由と、「共同体」の役務をすり合わせれば、〝なつかしい未来〟が立ち上ってくることでしょう。将来に向けてどのようなシナリオを準備するか。私たち一人ひとりに問いかけられています。

参考文献

『「証言」日本の住宅政策』大本圭野、日本評論社、一九九一年
『戦後住宅政策の検証』本間義人、信山社、二〇〇四年
『住宅・不動産業　激動の軌跡50年――列島改造からバブル、再び五輪へ』不動産経済研究所編著、二〇一四年
『フローの住宅・ストックの住宅――日本・アメリカ・オランダ住宅比較論』戸谷英世、井上書院、二〇一五年
『マンション――安全と保全のために』小林一輔・藤木良明共著、岩波新書、二〇〇〇年
『「都市再生」を問う――建築無制限時代の到来』五十嵐敬喜・小川明雄共著、岩波新書、二〇〇三年
『老いる家　崩れる街――住宅過剰社会の末路』野澤千絵、講談社現代新書、二〇一六年
『2020年マンション大崩壊』牧野知弘、文春新書、二〇一五年
『あなたのマンションが廃墟になる日――建て替えにひそむ危険な落とし穴』山岡淳一郎、草思社、二〇〇四年
『マンション崩壊――あなたの街が廃墟になる日』山岡淳一郎、日経BP社、二〇〇六年
『狙われるマンション』山岡淳一郎、朝日新聞出版、二〇一〇年

『地震とマンション』西澤英和・円満字洋介共著、ちくま新書、二〇〇〇年
『団地再生――甦る欧米の集合住宅』松村秀一、彰国社、二〇〇一年
『タワーマンションの真実――超高層建築のプロが教えるタワーマンションの見極め方』橋本友希、建築画報社、二〇一六年
『諏訪2丁目住宅マンション建替事業　事業誌』諏訪2丁目住宅マンション建替組合編著、二〇一六年
『事例に学ぶマンションの大規模修繕』住宅総合研究財団マンション大規模修繕研究委員会、星川晃二郎・田辺邦男・山口実編著、学芸出版社、二〇〇一年
『マンションライフ縮刷版』NPO法人京滋マンション管理対策協議会編著、二〇一四年
『マンションと地域の連携・共助による地域防災力の強化に関する調査研究』国土交通省国土交通政策研究所編著、二〇一五年

あとがき

本書の執筆が山場にさしかかったころ、新潟県湯沢町の老朽化したリゾートマンションが一棟解体されたニュースが飛び込んできました。廃墟となる寸前で、区分所有者たちが連絡を取り合い、苦心惨憺、五年がかりで解体にこぎつけ、敷地を売却したそうです。

バブル崩壊の後遺症の重さを、改めて思い知らされました。越後湯沢に投資用のリゾートマンションが建ち並んだのは、一九八〇〜九〇年代初頭のバブル最盛期です。金融機関は、スキー客の増加を追い風に値上がりする土地を担保にディベロッパーにどんどん融資をしました。しかし、バブルは弾け、スキー客も往時の三分の一に激減。マンションオーナーには値が下落した土地の価値しか残りません。住戸を売りたくても売れず、持ち腐れが何十年も続く。湯沢町の約六〇棟のリゾートマンションで解体できたのは、今回が初めてだといいます。

国は、廃墟の危機に瀕したマンションの解体への合意形成のハードルを下げようと模索していますが、短期利益を追い、バブルを生みやすい住宅政策を改めない限り、解決は遠いでしょう。破竹の勢いで建つタワーマンションも、いつ不良資産に転じるかしれません。

人口減少社会で、住宅を社会的資産に昇華させ、いかに長く住み継いでいくか。具体的な構想が問われています。マンションが等しく背負う「二つの老い」の克服は、その構想力を培う可能性を秘めているでしょう。

視野を少し広げると、二つの老いは社会全般に及ぶ課題だと気づきます。たとえば、上下水道や道路、橋、港湾といったインフラも老朽化し、メンテナンスできる技術者や地域の住民も老いています。行政の庁舎や学校、公民館、体育館などのハコモノも歳月を経て劣化し、住民の高齢化と人口減少の荒波をもろにかぶっています。病院もまた然り……。

極論すれば、私たちが目にするすべてのモノやしくみが「二つの老い」の重圧にさらされているといっても過言ではありません。ここを、どう乗りこえるのか。マンションの維持管理と、公益のインフラ整備を同一視することはできませんが、本書で提起した「私」と「共同体」のベクトルのすり合わせは、一つの立脚点ではあろうかと思います。

ただ、感情の動物である人間が集まって、一つ屋根の下で暮らすマンションは、きれいごとだけでは済みません。本文で詳しく記したように、住民とディベロッパー、管理会社、一級建築士のコンサルタント、施工業者、マンション管理士などの専門家の間では、情報の非対称性が甚だしく、管理組合が自立するのは簡単ではありません。

外部の専門家は、管理組合の財産に照準を当て、意思決定をコントロールしようとします。そうしたリスクも承知で、清濁入り混じる状況をかいくぐり、「少しでもいい方向へ」と住民の意識が目覚めれば、マンションは力強い「生命の砦」に変わります。

本書を執筆するに当たり、多くの皆様に取材をさせていただき、調査を進めました。厚く御礼を申し上げます。さまざまな事情で葛藤を抱えながら、実名で証言をしてくださったインタビューイーの方々には深く謝意を表します。

本書は、『AERA』『週刊東洋経済』『週刊金曜日』などに載せた記事や、ネットのキュレーションサイト『ニュースソクラ』での連載、『NHKクローズアップ現代＋』や講演会での発言をもとに新たに書き下ろしました。記事の執筆を支えてくれた編集者の皆さん、本書を編んでくれた岩波書店新書編集部の伊藤耕太郎さんに心より感謝します。

二〇一九年七月

山岡淳一郎

山岡淳一郎

1959年愛媛県生まれ．ノンフィクション作家．「人と時代」「公と私」を共通テーマに政治・経済，医療，近現代史，建築など分野をこえて執筆．時事番組の司会，コメンテーターも務める．一般社団法人デモクラシータイムス同人．
著書に，『あなたのマンションが廃墟になる日』(草思社)，『神になりたかった男 徳田虎雄』『気骨　経営者土光敏夫の闘い』(以上，平凡社)，『原発と権力』『インフラの呪縛』『長生きしても報われない社会――在宅医療・介護の真実』(以上，ちくま新書)，『医療のこと，もっと知ってほしい』(岩波ジュニア新書)，『TPPで暮らしはどうなる？』(共著・岩波ブックレット)ほか多数．

生きのびるマンション
――〈二つの老い〉をこえて　　岩波新書(新赤版)1790

2019年8月22日　第1刷発行

著　者　山岡《やまおか》 淳一郎《じゅんいちろう》

発行者　岡 本　厚

発行所　株式会社 岩波書店
〒101-8002 東京都千代田区一ツ橋 2-5-5
案内 03-5210-4000　営業部 03-5210-4111
https://www.iwanami.co.jp/

新書編集部 03-5210-4054
http://www.iwanamishinsho.com/

印刷・理想社　カバー・半七印刷　製本・中永製本

ISBN 978-4-00-431790-6　　Printed in Japan

岩波新書新赤版一〇〇〇点に際して

ひとつの時代が終わったと言われて久しい。だが、その先にいかなる時代を展望するのか、私たちはその輪郭すら描きえていない。二〇世紀から持ち越した課題の多くは、未だ解決の緒を見つけることのできないままであり、二一世紀が新たに招きよせた問題も少なくない。グローバル資本主義の浸透、憎悪の連鎖、暴力の応酬――世界は混沌として深い不安の只中にある。

現代社会においては変化が常態となり、速さと新しさに絶対的な価値が与えられた。消費社会の深化と情報技術の革命は、種々の境界を無くし、人々の生活やコミュニケーションの様式を根底から変容させてきた。ライフスタイルは多様化し、一面では個人の生き方をそれぞれが選びとる時代が始まっている。同時に、新たな格差が生まれ、様々な次元での亀裂や分断が深まっている。社会や歴史に対する意識が揺らぎ、普遍的な理念に対する根本的な懐疑や、現実を変えることへの無力感がひそかに根を張りつつある。そして生きることに誰もが困難を覚える時代が到来している。

しかし、日常生活のそれぞれの場で、自由と民主主義を獲得し実践することを通じて、私たち自身がそうした閉塞を乗り超え、希望の時代の幕開けを告げてゆくことは不可能ではあるまい。そのために、いま求められていること――それは、個と個の間で開かれた対話を積み重ねながら、人間らしく生きることの条件について一人ひとりが粘り強く思考することではないか。その営みの糧となるものが、教養に外ならないと私たちは考える。歴史とは何か、よく生きるとはいかなることか、世界そして人間はどこへ向かうべきなのか――こうした根源的な問いとの格闘が、文化と知の厚みを作り出し、個人と社会を支える基盤としての教養となった。まさにそのような教養への道案内こそ、岩波新書が創刊以来、追求してきたことである。

岩波新書は、日中戦争下の一九三八年一一月に赤版として創刊された。創刊の辞は、道義の精神に則らない日本の行動を憂慮し、批判的精神と良心的行動の欠如を戒めつつ、現代人の現代的教養を刊行の目的とする、と謳っている。以後、青版、黄版、新赤版と装いを改めながら、合計二五〇〇点余りを世に問うてきた。そして、いままた新赤版が一〇〇〇点を迎えたのを機に、人間の理性と良心への信頼を再確認し、それに裏打ちされた文化を培っていく決意を込めて、新しい装丁のもとに再出発したいと思う。一冊一冊から吹き出す新風が一人でも多くの読者の許に届くこと、そして希望ある時代への想像力を豊かにかき立てることを切に願う。

（二〇〇六年四月）

岩波新書より

社会

サイバーセキュリティ　谷脇康彦
まちづくり都市 金沢　山出　保
虚偽自白を読み解く　浜田寿美男
総介護社会　小竹雅子
戦争体験と経営者　立石泰則
住まいで「老活」　安楽玲子
現代社会はどこに向かうか　見田宗介
EVと自動運転 クルマをどう変えるか　鶴原吉郎
ルポ 保育格差　小林美希
津波災害〔増補版〕　河田惠昭
棋士とAI　王　銘琬
原子力規制委員会　新藤宗幸
東電原発裁判　添田孝史
日本問答　田中優子・松岡正剛
日本の無戸籍者　井戸まさえ
〈ひとり死〉時代のお葬式とお墓　小谷みどり

町を住みこなす　大月敏雄
親権と子ども　榊原富士子・池田清貴
歩く、見る、聞く 人びとの自然再生　宮内泰介
対話する社会へ　暉峻淑子
悩みいろいろ　金子　勝
魚と日本人 食と職の経済学　濱田武士
ルポ 貧困女子　飯島裕子
鳥獣害 動物たちと、どう向きあうか　祖田　修
科学者と戦争　池内　了
新しい幸福論　橘木俊詔
ブラックバイト 学生が危ない　今野晴貴
原発プロパガンダ　本間　龍
ルポ 母子避難　吉田千亜
日本にとって沖縄とは何か　新崎盛暉
日本病 長期衰退のダイナミクス　金子　勝・児玉龍彦
雇用身分社会　森岡孝二
生命保険とのつき合い方　出口治明

ルポ にっぽんのごみ　杉本裕明
鈴木さんにも分かるネットの未来　川上量生
地域に希望あり　大江正章
世論調査とは何だろうか　岩本　裕
フォト・ストーリー 沖縄の70年　石川文洋
ルポ 保育崩壊　小林美希
多数決を疑う 社会的選択理論とは何か　坂井豊貴
アホウドリを追った日本人　平岡昭利
朝鮮と日本に生きる　金　時鐘
被災弱者　岡田広行
農山村は消滅しない　小田切徳美
復興〈災害〉　塩崎賢明
「働くこと」を問い直す　山崎　憲
原発と大津波 警告を葬った人々　添田孝史
縮小都市の挑戦　矢作　弘
福島原発事故 被災者支援政策の欺瞞　日野行介
日本の年金　駒村康平

岩波新書/最新刊から

1781 **労働法入門 新版** 水町勇一郎著

働き方改革関連法の施行開始を受け、初版を改訂。「働き方改革」のポイントはもちろん、発展を続ける労働法の全体像がよくわかる。

1782 フォト・ドキュメンタリー **朝鮮に渡った「日本人妻」** —60年の記憶— 林典子著

一九五九年から行われた在日朝鮮人らの「帰国事業」。夫に同行し今も北朝鮮に暮らす「日本人妻」たちは、何を考えているのか。

1783 **生きるための図書館** —一人ひとりのために— 竹内悊著

地域で、学校で、今こそ必要とされる図書館。六〇年以上携わり、九〇歳を超えても発言を続ける著者が、希望に満ちた可能性を語る。

1771 シリーズ アメリカ合衆国史② **南北戦争の時代 19世紀** 貴堂嘉之著

未曾有の内戦が、この国を奴隷国家から移民国家に変貌させた。連邦を引き裂いた戦争の実態と国民の創造を軸に、一九世紀を描く。

1784 **虐待死** なぜ起きるのか、どう防ぐか 川﨑二三彦著

長年、児童相談所で虐待問題に取り組んできた著者が、多くの実例をもとに、様々な態様、発生要因を検証し、克服へ向け具体的に提言。

1785 **独ソ戦** 絶滅戦争の惨禍 大木毅著

「これは絶滅戦争なのだ」。ヒトラーがそう断言したとき、ドイツとソ連の血で血を洗う皆殺しの闘争が始まった。想像を絶する戦い。

1786 **モンテーニュ** 人生を旅するための7章 宮下志朗著

狂気の時代をしなやかに生きたモンテーニュのことばは、私たちの心深くに沁み入ってくる。「エッセイ」の生みの親の人生哲学。

1787 **リハビリ** 生きる力を引き出す 長谷川幹著

自分の秘められた力を自らが引き出し、歩く、話す、働くことが再びできるように……。四〇年間の地域での実践を、事例とともに綴る。

(2019. 8)